예수님과 함께

글·그림으로

예수님과 함께

마태 · 마가 · 누가 · 요한복음

서승옥 쓰고 그리다

생각의 바다

책머리에

'말씀'을 읽고, 쓰고, 그리면서

신약성경의 마태복음, 마가복음, 누가복음, 요한복음에는 예수님의 그 행적이 자세히 나와있습니다. 제가 성경을 처음으로 읽기 시작했을 때 사랑하는 예수님이 무엇을 말씀하셨는지 그리고 어떻게 행동하셨는지가 참 궁금했습니다. 내가 믿는 예수님이 어떤 분이신지를 알아야 제대로 믿을 수 있을 것 같아서였습니다. 그래서 성경 66권 중에서도 이 사 복음서를 열심히 읽기시작했습니다.

하나님을 믿기 시작할 무렵, 저에게 성경의 말씀은 사실 못마땅함 투성이었습니다. 늦은 나이에 성경을 읽으면서 '왜 아브라함은 그렇게 아내를 팔아먹으려 했을까?' 이해가 되지 않았었습니다. '우리 믿음의 조상이라면 그저 부자로 멋지게 살아야 하는 거 아닌가? 야곱이 아브라함의 자손이라면 당대에 큰 인물이 되어야 하는 거 아닌가?' 생각했었습니다. 이렇게 생각하는 제게 '믿음은 이런 거야!'라고 하나님은 하나하나 말씀해주셨습니다.

진정으로 믿는다는 것은 우리의 죄를 사하신 십자가의 예수님을 믿는 것이며, 죄 사함을 받고 영원히 사는 부활의 생명을 얻는 것임을 성령님은 제게 알게 하셨습니다. 그래서 저는 매일 아침, 제가 성경을 잘 이해하기 위해서 마인드맵으로 정리를 하거나 그림을 그리기 시작했습니다. 이 그림 묵상들이 최고의 창작자이신 하나님께 누가 되지 않기를 기도하며 그렸습니다. 매일 아침, 십자가를 바라보며 '십자가를 질 수 있나?'라고 물어보시는 예수님을 묵상합니다. 그리고 부활하신 예수님의 그 말씀을 묵상하면서 이제는 이 세상을 천국처럼 살 수 있는 내가 되어감을 느낍니다.

하나님 보시기에 큰 자는 예수님의 모습을 닮아가는 삶을 살아내는 것이라고 합니다. 하나님은 그런 저의 간절한 마음을 늘 접수하시는 것 같았습니다. 말씀 묵상을 그릴 때마다 하나님은 늘 제 생각을 넘어서는 세계를 표현하게 해주셨습니다. 교회의 큐티책인 「생명의 삶」으로 성경 말씀을 읽고 그때마다 제게 주시는 말씀을, 그림으로 그리고 거기에 만화처럼 말풍선을 달아보았습니다. 그때마다 하나님은 제손을잡고 저를 이끌어 주시는 것 같았습니다. 이것을 주변의 분들께 보여드렸더니 너무 은혜가 된다고 칭찬해 주셨습니다. 이에 용기를 얻어 부족한 제 그림 묵상을 교회의 '일대일 제자양육 성경공부' 사역 팀원들, 그리고 교회의 공동체 식구들과 묵상나눔을 했었습니다.

스승이신 이어령 선생님께도 2014년에 이 그림 묵상을 책처럼 묶어 보여드렸습니다. 그랬더니 '아주 유니크한 분야의 개척자가 될 것 같다. 모던하고 데포르메 된 형상들이 신선하고 색채 사용도 부드럽다.'고 격려해 주셔서 힘을 많이 얻었던 그날을 잊을 수 없습니다. 많이 편찮으신 가운데서도 이 책이 출판되기를 기다리셨었는데 생전에 보여드리지 못한 것이 못내 아쉽습니다.

그림과 글을 열심히 보아주면서 디자인을 해준 남편과 묵묵히 기다려준 정진우와 유희정, 정진서와 이소정에게도 참 고맙고, 이 책이 나오기까지 조언을 아끼지 않았던 오경희 씨, 친구인 송명숙, 김선희에게도 고마움을 전합니다. 저의 이 모든 감사를 받으실 분은 당연히 예수님이십니다. 매일 주시는 하나님의 말씀을 따라 온마음 다하여 하나님을 사랑하며 감사하며 살아가려고 하는, 저의 마음을 이 책에 담아 하나님께 올려드립니다. 저의 하나님을 향한 이 마음이 『글 · 그림으로 예수님과 함께』를 보시는 여러분들께도 전해지기를 감히 바라며 기도하고 있습니다.

2024년 10월 9일

서승옥

예수님과 함께 차례

'말씀'을 읽고, 쓰고, 그리면서 5

1. 예수님의 탄생과 어린 시절

사람의 아들로 오신 예수님 18
베들레헴에서 태어나신 예수님 25
예수님의 탄생을 기다린 시므온과 안나 26
어린 예수는 지혜와 키가 자라갔다 29

2. 공생애의 시작

예수님도 세례를 받으셨다 32
물로 세례를 주는 요한 35
내가 세례를 받다니! 36
예수님도 시험 당하시다 38

3. 믿음이란 무엇인가

천국의 비밀을 아는 것 45
누구를 기다리는가? 46
하나님의 음성 듣기 49
생수의 강에서 50
물이 포도주로 바뀌는 기적처럼 53

거듭남을 묻는 니고데모처럼 55
복을 받는 비결 56
세상의 소금과 빛으로 58
네 믿음대로 되리라 60

4. 예수님은 어떤 분인가

생명의 빛이신 예수님 65
예수님은 하늘의 양식 67
빵 다섯 개와 물고기 두 마리로 68
모퉁이의 머릿돌이 되시다 72
예수님과 하나님은 하나 74

5. 부르시고 전파하시는 예수님

"와서 보라" 81
베드로를 부르시다 82
열두 제자를 부르시다 85
내 이름으로 나를 부르시는 주님 87
목마른 사람을 찾아 88
복음을 잘 전하기 위해 92
천국 잔치에 초대받은 손님 94
삭개오처럼 간절한 자에게 97

6. 가르치시는 예수님

아무것도 염려하지 말라 100

내 잘못은 안 보여! 102

겸손한 마음, 순수한 마음 104

서로 싸우지 말라 107

거룩함은 말로 하는 것이 아니다 108

다시는 죄짓지 말라 110

섬김은 진정한 사랑으로 112

나는 좋은 땅일까? 114

너희도 서로 사랑하라 116

기다림의 지혜 118

온 마음을 다하여 121

선한 농부처럼 122

무엇을 해야 영생을 살 수 있을까? 124

부자와 거지의 역전 드라마 127

어린아이 같아야 129

기도는 예수님의 이름으로 130

7. 고치시는 예수님

사람을 더럽게 하는 것들 134

권위와 능력으로 귀신을 내쫓다 136
혈루증 앓던 여인을 고쳐주시다 139
수로보니게의 딸을 고쳐주시다 141
귀신 들린 아이를 고칠 수 있는가? 143
사탄에 매인 영혼을 144
고침 받은 자의 "감사" 146
눈먼 자의 눈을 뜨게 하시다 149
마음의 눈이 열리기를 원합니다 150
영적인 눈을 가지고 싶습니다 152
죽은 나사로를 살리시다 154
거룩함을 가장한 교활함 156
선한 척하는 악한 계략 158

8. 예수님의 십자가 죽음

예루살렘에 들어가시다 162
사랑, 그 거룩한 낭비 164
감람산에서 기도하시는 예수님 167
시험에 들지 않게 깨어 기도하라 169
예수님을 모른다는 베드로 173
빌라도의 무책임한 결정 174

십자가 위에서 하신 일곱 마디 말씀 176
십자가에서 돌아가시다 178
예수님, 무덤에 안치되시다 180

9. 예수님의 부활, 승천

무덤이 비어 있어요 186
제자들에게 나타나신 예수님 189
부활한 예수님을 본 사람들이 많았다 190
베드로에게 나타나시다 193
그리고 하늘로 올라가신 예수님 194
성령이 인도하시리니 197
예수님이 늘 함께하시기에 199

말씀

“

태초에 말씀이 계시니라
이 말씀이 하나님과 함께 계셨으니
이 말씀은 곧 하나님이시니라

〈요한복음〉 1:1

”

* 인용한 성경구절은 비전성경(개역개정 2016)을 따랐다.

1

예수님의 탄생과 어린 시절

하나님이 세상을 이처럼 사랑하사
독생자를 주셨으니 이는 그를 믿는 자마다
멸망하지 않고 영생을 얻게 하려 하심이라

〈요한복음〉 3:16

사람의 아들로 오신 예수님

아브라함의 자손이며 다윗의 자손 예수 그리스도의 계보라
아브라함은 이삭을 낳고 이삭은 야곱을 낳고
야곱은 유다와 그의 형제들을 낳고
유다는 다말에게서 베라스와 세라를 낳고
베레스는 헤스론을 낳고…

〈마태〉 1:1-17

「신약성경」의 처음 책인 마태복음을 읽을 때
예수님의 계보부터 나와서 저는 참 많이 당황스러웠습니다.
'왜 이렇게 알지도 못하는 이름들만 나오는 것일까?'하고요.
예수님이 그냥 툭 하늘에서 떨어진 것이 아니라는 말씀이지요.
성경에는 새 인물을 이야기할 때마다
'그는 누구의 아들이고 그의 할아버지는 누구이고
그의 어머니는 어느 곳 사람'이라는 말이 나오는데,
저도 이제는 이것을 눈여겨보게 되었습니다.
그리고 하나님은 제게도
"너도 세상에 어쩌다 태어난 게 아니야!"
"내가 너를 지명하여 불렀나니 너는 내 것이라"〈사〉 43-1이라고,
못 박아 말씀하시는 것 같았습니다.

예수님은 하나님의 아들이시며,
아브라함의 자손이며 다윗의 자손이었다

엘리사벳과 마리아.
두 사람이 임신하다

성령으로 잉태하게 된 마리아

마리아가 천사에게 말하되
나는 남자를 알지 못하니 어찌 이 일이 있으리이까
천사가 대답하여 이르되 성령이 네게 임하시고
지극히 높으신 이의 능력이 너를 덮으시리니
이러므로 나실 바 거룩한 이는 하나님의 아들이라 일컬어지리라…
대저 하나님의 모든 말씀은 능하지 못하심이 없느니라

〈누가〉 1:34-37

어른인 예수님부터 그냥 말씀하셔도 될 텐데
아기로 잉태되는 것부터,
그것도 '처녀인 마리아가 아기를 가졌다'는 것에서부터
하나님은 왜 굳이 말씀하셨을까요?
그것은 천지를 창조하시고, 흙으로 인간을 만드신
창조주 하나님이 하시는 일이라는 것을,
하나님만이 하실 수 있는 일이라는 것을
우리로 하여금 알게 하신 것이겠지요.
그리고 사람의 모습으로 오신 예수님을 잘 알게
하시려는 것이지 않을까요?
이해할 수 없었던 일들은 제가 구원을 받고 보니 저절로
차츰차츰 깨달아 알아가게 되었습니다.

평화로다
은총이로다

동방 박사들은 아기 예수님께
경배를 드리며 기뻐했다

베들레헴에서 태어나신 예수님

유대인의 왕으로 나신 이가 어디 계시냐
우리가 동방에서 그의 별을 보고
그에게 경배하러 왔노라
〈마태〉 2:2

캄캄한 밤에 빛나는 별처럼
어두움의 터널을 지나는 것 같은 우리의 삶에
소망의 빛으로 오신 예수님!
동방에서 박사들이 유대의 별을 보고
아기 예수를 찾아 경배하러 베들레헴에 왔습니다.
예수님이 우리와 같은 인간의 모습으로
이 땅에 태어나셨습니다!

12월25일, '크리스마스Christmas'
예수님의 탄생을 우리도 경배드리며 축하드립니다.
유대의 별을 보고 아기 예수를 찾아
동방에서 온 박사들처럼
저도 영적 분별력이 생기기를 기도합니다.

예수님의 탄생을 기다린 시므온과 안나

내 눈이 주의 구원을 보았사오니 이는
만민 앞에 예비하신 것이요
이방 사람에게는 계시의 빛이요
주의 백성 이스라엘에게는 영광이니이다

〈누가〉 2 : 30-32

예루살렘에 아주 의롭고 경건한 시므온이라는 사람은
그리스도를 보기 전에는 죽지 않을 것이라는
성령의 계시를 받았다고 합니다.
그런 시므온은 정결 의식을 치르러 온 아기 예수를 안고
"이방 사람에게는 계시의 빛이요
주의 백성 이스라엘에게는 영광"이라고
아기 예수에 대해 증언을 했습니다.
성전을 떠나지 않고 기도하던 안나도
모세의 율법에 따라 정결 의식을 치르러
예루살렘에 온 아기 예수를 만날 수 있었습니다.
평생을 기다려 아기 예수를 만난 시므온과 안나처럼
저도 날마다 예수님과 함께하는
기쁨으로 살기를 소원합니다.

아기 예수를 보고 이스라엘의 영광이라고
시므온과 안나는 찬양했다

대제사장들과 성경을 이야기하는데
조금도 막힘이 없었다

어린 예수는 지혜와 키가 자라갔다

아기가 자라며 강하여지고 지혜가 충만하며
하나님의 은혜가 그의 위에 있더라

〈누가〉 2:40

예수님이 열두 살 때, 유월절을 지내려고 부모님과
예루살렘에 올라가셨습니다.
소년인 예수님은 예루살렘의 성전에서
선생들에게 말씀을 듣기도 하고 묻기도 하셨다고 합니다.
그런데 열두 살밖에 안 된 예수님의 지혜로운 대답이
듣는 사람들을 다 놀라게 했다고 합니다.
'예수는 지혜와 키가 자라가며 하나님과 사람에게
더욱 사랑스러워 가시더라'〈누가〉 2:40
고 누가복음의 저자는 기록하고 있습니다.
'예수 그리스도는 하나님의 지혜' 이시며
그 속에 '지혜와 지식의 모든 보화가 감추어져 있다'는
사도 바울의 말처럼 저도 성경을 읽을 때마다
그 말씀에 감동되어 그 말씀이 저를 지혜롭게
하기를 기도하고있습니다.

2

공생애의 시작

하늘로부터 소리가 있어 말씀하시되
이는 내 사랑하는 아들이요
내 기뻐하는 자라 하시니라

〈마태복음〉 3 : 17

예수님도 세례를 받으셨다

예수께서 세례를 받으시고 곧 물에서 올라오실새
하늘이 열리고 하나님의 성령이 비둘기같이 내려
자기 위에 임하심을 보시더니
하늘로부터 소리가 있어 말씀하시되
이는 내 사랑하는 아들이요
내 기뻐하는 자라 하시니라

〈마태〉 3:16-17

예수님은 나사렛에서 성장하시고
서른 살이 되어 요단강에 가서 세례자 요한에게
세례를 받으셨습니다.
예수님이 세례를 받고 물에서 올라올 때
하늘 문이 열리고,
성령이 비둘기처럼 내려
예수님께 임하시는 성령세례도 받으셨습니다.
"이는 내 사랑하는 아들이요 내가 기뻐하는 자"라는
하나님의 음성을 들리는 그 순간,
예수님이 어떤 분인지 그 존재를
하나님은 우리에게 더 분명하게 알려 주시는 것 같았습니다.

요단강에서 세례요한에게
세례를 받으시는 예수님

여호와의 길을 예비하는 세례자 요한

물로 세례를 주는 요한

나도 그를 알지 못하였으나 나를 보내어
물로 세례를 베풀라 하신 그이가 나에게 말씀하시되
성령이 내려서 누구 위에든지 머무는 것을 보거든
그가 성령으로 세례를 베푸는 이인 줄 알라 하셨기에
내가 보고 그가 하나님의 아들이심을
증언하였노라 하니라

〈요한〉 1:33-34

세례받는다는 것은 주님을 마음으로 믿는 그 믿음을
입으로 시인하는 것입니다.
세례자 요한이 자기가 물로 세례를 주는 것은
예수를 이스라엘에 알리기 위해서라고 했습니다.
제가 주님을 믿고 세례를 받게 되면
저는 세상이 뒤집어질 것이라고 생각했었습니다.
저만 울었지, 아무 일도 일어나지 않는 것 같았습니다.
그런데 가만히 생각해 보니 제 마음이
절망에서 평안으로 바뀐 것이었습니다.

*세례 Baptism: 물속에 들어가는(물 뿌림) 의식을 말하는데 그리스도를 주로 그백하는 사람들이 그리스도와 함께 죄에 대해 죽고 예수 그리스도의 새 생명으로 다시 태어나서〈롬6:3-5〉 그리스도와 연합함〈갈3:26-27〉을 상징하는 의식을 말한다.『비전 성경사 전』 p.662

내가 세례를 받다니!

사망에서 생명으로

우리 동네의 작은 교회에서 저는 부활절에 세례를 받았습니다. 제가 세례를 받던 날… ,
마흔여섯에 다시 태어나게 된 저는 은혜의 강물에 저의 발이 조금씩 들어가고 있음을 느낄 수 있었습니다.
요단강에서 세례받으시는 예수님께
하나님 아버지가 말씀하셨던 것처럼 저에게도
"너는 사랑하는 내 딸이다. 내가 너를 기뻐한다."
라고 하시는 것 같았습니다. 그날 목사님께서 왼손에 올려졌던 성경책을 오른손으로 옮겨 받으시며 이런 모양처럼 우리가 세례를 받는다는 것은 "사망에서 영원한 생명의 삶으로 옮겨지는 것"이라고 설명해 주셨습니다. 달력에서 예수님의 탄생을기점으로 BC와 AD를 가르듯 저의 삶에도
BC와 AD가 생겼습니다. 예수님을 믿기 전과 그 후가 달라졌으니까요. 그 후 저는 사랑하는 사람에 대해 알고 싶어 노력하는 것보다 더 끈질기게 하나님의 말씀에 집중했습니다.
"여호와의 영이 그에게 머물 것이다. 곧 지혜와 통찰의 영, 지식과 여호와를 경외하는 영이 그에게 더물 것이다."〈행〉11:2
하는 사도행전의 말씀처럼 여호와의 영이 제게 머물며
지혜와 통찰의 영, 지식과 여호와를 경외하는 영이

저와 함께하기를 늘 간절히 기도하게 되었습니다.

하나님의 말씀은 운동력이 있다?

그 당시 저를 이끌어 주시던 권사님의 기도에 놀라고 권면의 말씀에 얼마나 감동했었는지 모릅니다.

"하나님의 말씀은 살아 있고 활력이 있어 좌우에 날 선 어떤 검보다 예리하여 혼과 영과 및 관절과 골수를 찔러 쪼개기까지 하며 마음의 생각과 뜻을 판단하나니"〈히〉 4:12고 하시는 말씀을 듣고 깜짝 놀랐습니다. "말씀은 살아 있어 혼과 영과 관절과 골수를 쪼개기까지 한다"라는 말씀을 하시는 거예요. 제 머리가 꿰뚫어지는 것 같았습니다.

비평을 전공한 저보다 더 분명하게 그 권사님께서 이 말의 의미를 설명해 주시니 '그 힘은 무엇일까?' 하며 놀랄 수밖에 없었지요. 이제 이런 말을 제가 알아들을 수 있게 된 것도 하나님께서 "너는 두려워하지 말라 내가 너를 지명하여 불렀나니 너는 내 것이라"〈사〉 43:1下 고 하나님의 자녀로 저를 인 쳐주셨기 때문이라는 것도 압니다. 그래서 '사랑하는 나의 아버지, 이름 높여드립니다' 하며 찬양을 부를 때마다 저는 늘 감격해서 눈물이 흐릅니다.

예수님도 시험 당하시다

사탄은 늘 믿음을 건드린다

우리가 하나님을 믿는다고 해서 시험이 없는 것은 아닙니다. 성경에서 말하는 시험Test에는 시련trial과 유혹temptation과 테스트test 세 종류가 있다고 합니다. 시련은 그것을 통해 우리 믿음을 연단하는 것으로, 또 사람들은 자신의 욕심 때문에 여러 가지의 유혹을 받습니다. 하나님의 시험으로 테스트도 있습니다. 사탄은 우는 사자와 같이 우리를 유혹하며 시험하려 덤벼든다고 합니다. 세례받은 후 40일 금식하시며 기도하신 예수님도 시험하였으니까요.

그때에 예수께서 성령에 이끌리어 마귀에게
시험을 받으러 광야로 가사
사십 일을 밤낮으로 금식하신 후에 주리신지라 〈마태〉 4:1-2

사탄은 "네가 만일 하나님의 아들이라면 무엇이든 얼마든지 할 수 있지 않느냐?"고 말했습니다. 사탄은 늘 우리의 약한 부분을 교묘하게 치고 들어옵니다.
사십 일 금식하신 예수님께서 받은 첫 번째 시험은 '먹고 사는 문제'였습니다. '네가 만일 하나님의 아들이라면 돌로 빵이 되게 해보라'고 사탄은 예수님을 부추겼습니다. 사람들은 먹고사는 생존의 문제가 걸리면

앞뒤를 잘 가리지 못합니다.
예수님은 “사람이 떡으로만 살 것이 아니요 하나님의
입으로부터 나오는 모든 말씀으로 살 것이라”〈마태〉 4:4 고
구약성경에 나오는 말씀으로 대적하셨습니다.
사탄은 돌덩어리를 빵이 되게 해보라고 하지만 하나님은
‘들에 핀 백합화가 어떻게 자라는가 생각하여 보라.
공중에 나는 새를 보라, 그들이 무엇을 입을까,
무엇을 먹을까 고민하는지 보라’〈마태〉 6:26-31고 하십니다.
왜 너희는 그렇게 걱정하느냐고 하시는 말씀이지요.
사람들은 죽을 때까지 매일 걱정하며 사는 것 같습니다.
그리고 사람들은 매일 죄를 짓습니다.
저도 '돌이 빵이 될 수 있으면 좋겠다'고 생각했었던 때가
있었습니다. 그러나 하나님은 그보다 "너희는 먼저
그의 나라와 의를 구하라 그리하면 모든 것을 너희에게
더하시리니"〈마태〉 6:33 고 하십니다.
그리고 “내가 거룩하니 너희도 거룩할지어다”〈벧전〉 1:6:는
말씀을 마음에 새겨두고 있지만
온전한 사람이 되기는 참 어렵습니다.

예수를 믿어도 고난은 있다

사람들에게 '예수님을 믿어라'고 전도하면 이렇게 물어봅니다.
"예수를 믿는 사람들도 고난을 당하더라고요.
예수를 믿으면 더 힘들어지는 거 아닌가요?"
고난을 당하고 싶지 않은데 말입니다. '예수를 믿는데
왜 더 어려운 일을 많이 겪는 걸까?' 하는 생각을
저도 많이 했습니다. 뜨거운 용광로에서 녹아져서
제련되지 않고서는 순전한 금이 나올 수 없듯이 인간은 고난과
역경을 겪으며 영적으로 성숙되어 간다고 합니다.

고난을 말씀으로 기도로 이겨내기

저도 어려운 일을 당하게 되었을 때, 성경 말씀을 읽으며,
기도로 이겨낼 수 있었습니다.
우리가 받는 시험은 시험이라기보다 우리의 욕심에서 생기는
유혹이라는 것도 분별하게 되었지요.
하나님은 우리가 고통당할 때 홀로 두지 않으시고
함께하신다는 것도 알게 되었습니다.
예수님을 믿으니까 저도 모르게 삶의 태도가
바뀌게 되었습니다. 어떤 고난이 와도 하나님께 기도하며
극복해나가는 저를 발견할 수 있었으니까요.

제가 고난 속에서 슬퍼하고 있을 때, 하나님은

사람이 감당할 시험 밖에는 너희가 당한 것이 없나니
오직 하나님은 미쁘사 너희가 감당하지 못할 시험 당함을
허락하지 아니하시고 시험 당할 즈음에 또한 피할 길을 내사
너희로 능히 감당하게 하시느니라 〈고전 〉10:13

이렇게 말씀하시면서 제 등을 두드려 주시더라고요.
감당하지 못할 시험은 허락하지 않으신다고 하시는 말씀을
믿고 나아갑니다. 지금도 하나님께서는 제 힘으로는
해결할 수 없는 제 일생일대의 프로젝트를 주셔서
전전긍긍하고 있습니다.
굉장히 고통스러운 일이지만 기도하며 용기를 내서
진행해 나가고 있습니다. 그리고 하나님은 제게 또
이렇게도 말씀하시며 위로해 주십니다.

여호와는 네게 복을 주시고 너를 지키시기를 원하며
여호와는 그의 얼굴을 네게 비추사 은혜 베푸시기를 원하며
여호와는 그 얼굴을 네게로 향하여 드사 평강 주시기를
원하노라 할지니라 하라 〈민〉 6:24-26

이런 말씀을 보며 고난을 능히 감당하게 하시는 하나님께서
제가 성숙하게 되도록 함께하시는 것을 저는 느낍니다.

3

믿음이란 무엇인가

믿음은 바라는 것들의 실상이요
보지 못하는 것들의 증거니

〈히브리서〉 11:1

말씀을 듣고 깨달을 수 있는 복

천국의 비밀을 아는 것

천국의 비밀을 아는 것이 너희에게는 허락되었으나
그들에게는 아니되었나니 무릇 있는 자는 받아
넉넉하게 되되 없는 자는 그 있는 것도 빼앗기리라
〈마태〉 13:11-12

믿는 자가 되어야만
천국의 비밀을 알 수 있다고 합니다.
하나님의 자녀가 되어야
하나님의 말씀을 들을 수 있고
보아서 알 수 있고 깨닫는 자가 된다는 뜻이지요.

'천국은 마치 사람이 자기 밭에 가져다 심은
겨자씨 한 알 같다'〈마태〉 13:31고도 하셨습니다.
그 작은 겨자씨가 풀보다 커서 나무가 되고
공중의 새들이 와서 그 가지에 깃든다고 하셨습니다.
저도 하나님의 말씀을 듣고, 보고, 깨달아 가며
천국의 비밀을 알아가는 중입니다.

누구를 기다리는가?

오실 그이가 당신이오니이까
우리가 다른 이를 기다리오리이까
예수께서 대답하여 이르시되
너희가 가서 듣고 보는 것을 요한에게 알리되
〈마태〉 11 : 3-4

세례자 요한이 감옥에서 제자들을 보내
"오신다고 했던 주님이 당신입니까?" 하고
예수님께 물어보았습니다.
요한의 이와 같은 질문처럼 저도 하나님을 믿기 전에는
예수님이 이 세상에 태어난 하나님이 아들이라는 것이
이해되지도 않았고, 믿어지지도 않았습니다.

예수님께서 제자들에게
"너희가 무엇을 보려고 광야로 나갔느냐?"〈누가〉 7:24고,
물으셨던 것처럼 저도 광야에 홀로 서 있었던 적이 있습니다.
그제서야 저도 "주 예수를 믿으라 그리하면
너와 네 집이 구원을 받으리라"〈행〉 16:31라고 하시는
말씀을 마음에 새기게 되었습니다.
그 광야에서 저도 예수님을 '나의 주님'으로 부르게 되었습니다.

세례자 요한도 '주님이 당신이냐' 고
예수님께 물었다

주님에 속한 양은
주님의 음성을 들을 수 있다.

하나님의 음성 듣기

너희가 내 양이 아니므로 믿지 아니하는도다
내 양은 내 음성을 들으며 나는 그들을 알며
그들은 나를 따르느니라
내가 그들에게 영생을 주노니 영원히 멸망하지 아니할 것이요
또 그들을 내 손에서 빼앗을 자가 없느니라
〈요한〉 10 : 26-28

믿음이란 하나님의 음성을 잘 알아듣는 것입니다.
"주님을 믿습니다"라는 고백을 하기 전에는
저도 하나님의 음성을 듣지 못했었습니다.
"내 양은 내 음성을 들으며"라고 하신
예수님의 그 음성을 들을 수 있는 제가 된 것은
제 생애 최대의 기적입니다.
이제는 매일 주님의 음성을 듣기 위해
이른 아침에 일어납니다.
하나님이 오늘은 제게 무슨 말씀을 하실지 궁금하니까요.
지난번과 똑같은 말씀이라도 오늘은
더 깊이 깨닫게 해주시니까요.
"무릇 진리에 속한 자는 내 음성을 듣느니라"〈요한〉 18:37 下
라고 하셨으니까요.

생수의 강에서

누구든지 목마르거든 내게로 와서 마시라
나를 믿는 자는 성경에 이름과 같이
그 배에서 생수의 강이 흘러나오리라
〈요한〉 7 : 37-38

위의 구절 중 "나를 믿는 자는 성경에 이름과 같이"는
이사야 12장 2-3절의 말씀인
"보라 하나님은 나의 구원이시라
내가 신뢰하고 두려움이 없으리니
주 여호와는 나의 힘이시며 나의 노래시며
나의 구원이심이라
그러므로 너희가 기쁨으로
구원의 우물들에서 물을 길으리로다" 입니다.
불평불만으로 가득 찼던 제 마음을
이 말씀처럼 감사함으로 채울 수 있었던 것은
그 구원의 우물에서 기쁨으로 물을 길어 마실 수 있었기
때문입니다.
그 당시 저는 "네가 받은 복을 세어 보아라."
라는 찬양의 가사만으로도
제 마음을 가라앉힐 수 있었습니다.

누구든지 목마르거든
예수님께로 나아오면 된다

행동을 해본 사람만이
그 변화를 알 수 있다

물이 포도주로 바뀌는 기적처럼

연회장은 물로 된 포도주를 맛보고도
어디서 났는지 알지 못하되
물 떠온 하인들은 알더라
〈요한〉 2:9

갈릴리에서 있었던 혼인 잔치 이야기입니다.
물이 포도주로 변한 사실을
물 떠온 하인만 알았다고 합니다.
주님을 믿음으로 맹물, 아니 쓴물 같던 저의 삶이,
포도주 같은 삶으로 변한 것을 저는 압니다.
믿음은 맹물이 포도주로 바뀌는 것과 같습니다.
이제 질그릇 같던 제가 주님의 사랑을 퍼내는
보배로운 그릇으로 바뀌어 감을 느끼니까요.
믿음의 기적이지요.
하나님을 만나서
눈물이 변하여 기쁨이 되는,
탄식이 노래로 변하는
영적인 드라마를
저도 쓰게 되었으니까요.

성령으로 거듭남은
믿음에서 나온다

거듭남을 묻는 니고데모처럼

육으로 난 것은 육이요 영으로 난 것은 영이니
내가 네게 거듭나야 하겠다 하는 말을 놀랍게 여기지 말라
바람이 임의로 불매 네가 그 소리는 들어도
어디서 와서 어디로 가는지 알지 못하나니
성령으로 난 사람도 그러하니라
〈요한〉 3:6-8

니고데모는 바리새인이며 유대인의 지도자였습니다.
"사람이 거듭나지 아니하면
하나님의 나라를 볼 수 없느니라."〈요한〉 3:3
고하신 예수님의 말씀에 대해
"사람이 늙으면 어떻게 날 수 있사옵니까?
두 번째 모태에 들어갔다가 날 수 있사옵니까?"
하고 니고데모는 물었습니다.
니고데모가 어두운 밤에 예수님을 찾아와 물었듯
저도 '거듭난다'는 말이 참 궁금했습니다. 그러나
이제는 저도 주님으로 인해 새로운 존재로 바뀌어감을
알고 있습니다.

* '거듭남New birth'이란 새로운 존재가 되는 것입니다. "죄 때문에 죽어 있던 영적 생명이 살아나는 전인적이고 근본적인 변화를 말하는 것입니다." 『비전 성경 사전』, P.23

복을 받는 비결

심령이 가난한 자는 복이 있나니 천국이 그들의 것임이요
애통하는 자는 복이 있나니 그들이 위로를 받은 것임이요
온유한 자는 복이 있나니 그들이 땅을 기업으로 받을 것임이요
의에 주리고 목마른 자는 복이 있나니 그들이 배부를 것임이요
긍휼히 여기는 자는 복이 있나니
그들이 긍휼히 여김을 받을 것임이요
마음이 청결한 자는 복이 있나니 그들이 하나님을 볼 것임이요
화평하게 하는 자는 복이 있나니 그들이
하나님의 아들이라 일컬음을 받을 것임이요
의를 위하여 박해를 받은 자는 복이 있나니
천국이 그들의 것임이라 〈마태〉 5:3~10

우리가 원하던 복과 하나님이 말씀하시는
하늘나라의 복은 다릅니다.
하나님을 믿기 전에는 애통해하고 싶지도 않았고,
심령이 가난하고 싶지도 않았었습니다.
그런데 그런 저의 마음을 너무도 잘 아시는 주님이,
우리가 이 땅에서도 천국으로 살기 위해서는
하나님의 말씀으로 마음을 다스릴 수 있어야 한다고 하십니다.
주님의 뜻을 따라 해보니
이 세상이 천국이었습니다.

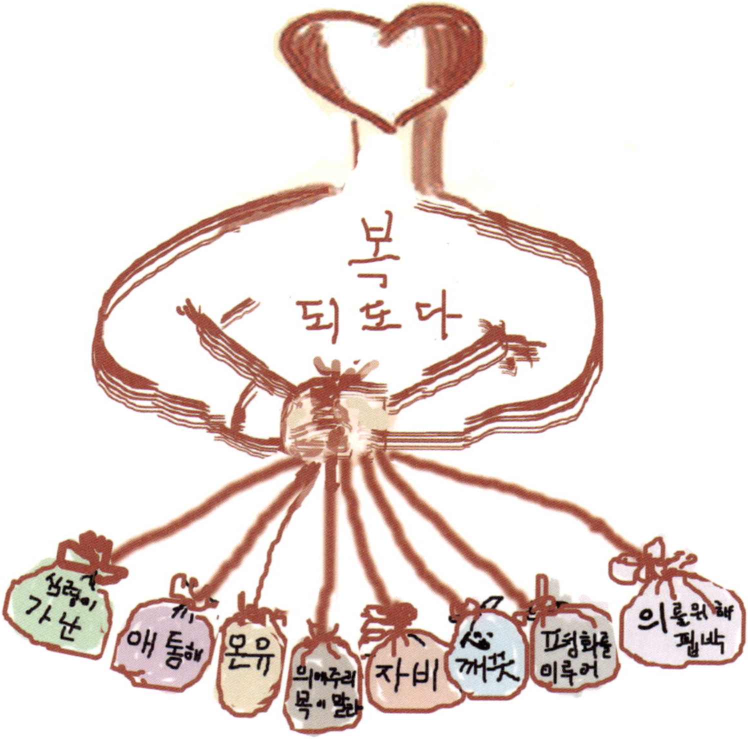

하나님이 생각하시는
복 받는 사람

세상의 소금과 빛으로

너희는 세상의 소금이니 소금이 만일 그 맛을 잃으면
무엇으로 짜게 하리요 후에는 아무 쓸데 없어
밖에 버려져 사람에게 밟힐 뿐이니라
너희는 세상의 빛이라 산 위에 있는 동네가 숨겨지지
못할 것이요 사람이 등불을 켜서 말 아래에 두지 아니하고
등경 위에 두나니 이러므로 집안 모든 사람에게 비치느니라

〈마태〉 5:13-15

소금이 짠맛을 내려면 녹아야 하고
초가 빛을 내려면 제 몸을 태워야 합니다.
그런데 예수님은 우리를
"너희는 세상의 소금이니 너희가 맛을 잃으면,
아무 데도 쓸모가 없어 사람에게 밟힐 뿐"이라고 하셨습니다.
그런데 하나님의 맛을 낼 수 있도록
제가 녹아진 것 같지도 않고, 세상적인 불순물들을 태워
순수한 제가 되어야 하는데 그렇지 못한 것 같아
제가 부끄러울 뿐입니다.
저도 모든 사람들에게 맛을 내는 소금이 되기를,
또한 빛이 되어 우리의 길이요 진리요 생명 되신
예수님의 모습이 저를 통해서도 보여질 수 있기를 바랍니다.

하나님의 거룩함에
닮아가는 삶이 되기를

네 믿음대로 되리라

보내었던 사람이 집으로 돌아가 보매

종이 이미 나아있었더라

〈누가〉 7:10

이스라엘 중에서도 백부장만한 믿음을 만나보지 못하였다고 하실 정도로 예수님은 백부장의 믿음을 칭찬하셨습니다.

종을 살린 백부장의 간절한 기도와 믿음

4

예수님은 어떤 분인가

나와 아버지는 하나이니라

〈요한복음〉 10:30

나를 따르는 자는
생명의 빛을 얻을 것이다

생명의 빛이신 예수님

나는 세상의 빛이니
나를 따르는 자는 어둠에 다니지 아니하고
생명의 빛을 얻으리라
〈요한〉 8 : 12

하나님을 기쁘게 하시는 예수님.
그 예수님은 세상의 빛이십니다.
"나를 보내신 이가 나와 함께 하시도다.
나는 항상 그가 기뻐하시는 일을 행하므로
나를 혼자 두지 아니하셨느니라"〈요한 8:29 라고 하신
하나님의 아들, 예수님을 우리는 믿는 것입니다.
우리가 문 밖에서 우리의 문을 두드리며 서 계신
예수님, 그분을 내 마음의 집에 맞아드리는 것입니다
탕자가 아버지의 집으로 돌아가
비로소 평안과 기쁨을 느끼듯
예수님께 우리가 진실한 마음으로 나아가면,
빛이신 예수님이 우리와 함께하심으로
우리도 진정한 생명의 빛을 누릴 수 있을 것입니다.

예수님은
우리 생명의 양식

예수님은 하늘의 양식

나는 하늘에서 내려온 살아있는 떡이니
사람이 이 떡을 먹으면 영생하리라
내가 줄 떡은 곧 세상의 생명을 위한 내 살이니라
〈요한〉 6:51

사람이 참으로 산다는 것은 무엇일까,
우리를 살리는 참 생명이란 무엇일까를 저는 매일 생각합니다.
'참으로 산다는 것, 진정으로 산다는 것'은
예수님을 믿으며 '하늘의 양식'인 예수님의
말씀에 순종하며 살아가는 것임을 오늘도 깨닫습니다.
"사람이 이 양식을 먹으면"은 예수님과의 연합하면,
예수님을 믿으면 영원히 살 것이라는 말씀입니다.
어떤 분에게 '주 예수를 믿으라'고 했더니
기독교인은 식인종이라고 했답니다.
'하늘에서 내려온 살아있는 떡'이라는 말씀의 속뜻을 모르니
그럴 수 있겠지요. 그리고 그냥 우리가 먹는 떡으로 해석하면
참 이해하기가 어렵습니다. 빵을 떡으로 번역했기 때문에
특별히 어쩌다 먹는 양식으로 생각할 수도 있겠지요.
'하늘에서 내려온 떡'은 우리가 매일 먹어야만 살아갈 수 있는
밥, 즉 양식과 마찬가지로 우리의 '영혼을 살리는 양식'이라는
의미의 말입니다.

빵 다섯 개와 물고기 두 마리로

예수님은 떡 5개와 물고기 2마리를 들고
기도하신 후에 앉아 있는 오천 명이 넘는 사람들에게
나누어 주신 분입니다. 그랬더니 그들이 배부르게 먹고도
남은 조각들이 열두 바구니에 가득 찼다고 합니다.
과학적으로 생각하면 정말 말도 안 되고 계산도
될 수 없는 소리지요.

저도 성경을 처음 읽었을 때는 "어떻게 떡 다섯 덩이로 그 많은
사람을 먹이실 수 있었을까?"라고 이상하게 생각했었습니다.
말이 되지 않는 것이지요.
그것은 세상을 만드신 창조주 하나님의 능력을
그저 우리와 같은 인간의 능력으로 계산했기 때문이지요.
"나는 생명의 떡이니 내게 오는 자는
결코 주리지 않을 것"이라고 하나님은 말씀하십니다.
이렇게 인간의 능력으로는 절대로 할 수 없는
'오병이어 사건'을 통해 전지전능하신 하나님을 경험하고도
제자들은 예수님의 능력과 말씀을
제대로 이해하지 못했던 것이지요. 제가 처음에 납득하지 못했던
것처럼 말이지요. 그때 예수께서 또 말씀하셨습니다.

너희가 아직도 깨닫지 못하느냐
떡 다섯 개로 오천 명을 먹이고 주운 것이 몇 바구니며
떡 일곱 개로 사천 명을 먹이고 주운 것이
몇 광주리였는지를 기억하지 못하느냐
어찌 내가 말한 것이
떡에 관함이 아닌 줄을 깨닫지 못하느냐
오직 바리새인과 사두개인들의 누룩을 주의하라 〈마태〉 16:9-11

빵만으로는 살 수 없다고 하신 말씀이 무엇인지,
예수를 믿는다는 것이 어떤 것인지를
알아야 한다는 말씀이지요.
예수님은 분명히 하신 말씀을 생각하면 생각할수록
먹고 사는 것에 연연했던 저 자신을 되돌아보게 됩니다.
제가 이제는 세상살이에 관한 것을 넘어서서
영원한 생명을 이 땅에서 누리며 살아가는 일이 얼마나
기쁘고 감사한지 모르겠습니다.

* 성경에는 빵, 브래드bread를 떡으로 번역한 곳이 많습니다. 빵이 덩어리 모습이니까 밥이라기보다는 떡으로 번역한 것이라고 봅니다. 그러나 떡은 매일 먹는 양식은 아니어서 좀 어색하기는 합니다. 그리고 '이는 내 살이니라'라고 하실 때에도 밥은 살이 찢기우는 느낌은 들지 않습니다. 그리고 자연스럽게 '생명의 밥'이라고 하기에는 '생명의 떡'이 우리에게 너무 익숙해져서 이 글에서도 떡으로 하였습니다.

사람이 떡으로만 사는 것이 아니요

여호와의 입에서 나오는 모든 말씀으로

사는 줄을 네가 알게 하려 하심이니라.

〈신〉 8:3 下

우리를 지으신 하나님께
능치 못할 일은 없다는 것을
잊을 때가 많습니다.

모퉁이의 머릿돌이 되시다

"건축자들이 버린 돌이 모퉁이의 머릿돌이 되었나니
이것은 주로 말미암아 된 것이요
우리 눈에 놀랍도다" 함을
읽어보지도 못하였느냐 하시니라
〈마가〉 12:10-11

모퉁이의 머릿돌Corner Stone은 유대인들이 건물을 지을 때
서로 맞닿은 벽을 연결하는 역활을 맡고 있는 돌이라고 합니다.
모퉁이를 연결하는 머릿돌이 없으면 두 벽이 세워질 수가 없고
공간이 만들어질 수가 없겠지요.
그래도 건축자들의 버린 돌이 그 중요한 머릿돌,
우리의 의미로는 주춧돌이 되었다는 말이 처음에는
잘 이해가 되지 않았었습니다.
십자가에서 돌아가신 예수님,
죄 없으신 그 분의 죽음으로, 머릿돌이 되심으로
죄로 인해 죽을 수밖에 없는 우리가 구원을
받을 수 있게 된 것이지요.
그러므로 버린 돌 같았던 저도 구원을 받아 하나님의 집에
머릿돌이 되신 예수 그리스도의 삶을 제 삶의 기준점으로 여기며
열심히 '믿음의 집'을 지어갈 수 있게 된 것이지요.

넌, 소용이 없어!

예수님과 하나님은 하나

엿새 후에 예수께서 베드로와 야고보와 그 형제 요한을
데리시고 따로 높은 산에 올라가셨더니
그들 앞에서 변형되사 그 얼굴이 해 같이 빛나며
옷이 빛과 같이 희어졌더라

〈마태〉 17:1-2

예수님이 기도하는 중에 변형되고 변모된 예수님,
해 같이 빛나는 예수님으로 모습이 완전히 바뀌었다고 합니다.
그리고 이때 하늘에서 "이는 내 사랑하는 아들이요
이는 내 기뻐하는 자니 너희는 그의 말을 들으라"
라는 소리가 들려왔다고 합니다. 그럼에도
'여기에 초막 셋을 짓고…' 와 같은 엉뚱한 소리를 하는
베드로와 같은 모습이 오늘 내 신앙의 태도이지나 않을까
생각해 봅니다. 예수님은 왜 이때 자신이
하나님의 아들이라는 것을, 능치 못함이 없으신 분이라는 것을
제자들에게 다시 확인시켜 주셨을까요?
아마도 내 식대로 내 멋대로 예수님을 생각하지 않도록
하신 것 같아요. 예수님이 하나님의 아들인을
제대로 알라고 제게도 말씀하시는 것 같습니다.

예수는
내 사랑하는 아들이다

기도하실 때에 용모가 변화되고
그 옷이 희어져 광채가 나더라
문득 두 사람이 예수와 함께 말하니
이는 모세와 엘리야라

〈누가〉 9 : 29-30

5

부르시고 전파하시는 예수님

예수께서 온 갈릴리에 두루 다니사

그들의 회당에서 가르치시며 천국 복음을 전파하시며

백성 중의 모든 병과 모든 약한 것을 고치시니

〈마태복음〉 4:23

"와 보라"고 예수님이 부르실 때
바로 달려갈 수 있기를

“와서 보라”

나다니엘이 이르되
어떻게 나를 아시나이까
예수께서 대답하여 이르시되
“빌립이 너를 부르기 전에
네가 무화과나무 아래에 있을 때에 보았노라

〈요한〉 1:48

“와서 보라”고 주님이 부르실 때, 바로 그때에
빨리 와야 합니다. 하나님이 저를 찾으실 때
“하나님! 정말 계시기는 하신 거예요?
주님이 정말 저를 아세요?”라고
나다니엘처럼 저도 물었습니다.
그때 주님은
“이미 내가 너를 알고 있었다.
내가 너를 기다리고 있었다.”라고
말씀하시는 것 같았습니다.

베드로를 부르시다

시몬이 대답하여 이르되
선생님 우리들이 밤이 새도록 수고하였으되
잡은 것이 없지마는 말씀에 의지하여
내가 그물을 내리리이다 하고
그렇게 하니 고기를 잡은 것이 심히 많아
그물이 찢어지는지라
〈누가〉 5:5-6

베드로와 어부들이 잡은 물고기가
배에 가득 찼다면 예수님의 말씀을 들었을까요?
그런데 그들이 어부도 아닌 예수님의 말씀대로 했더니
배가 가라앉을 정도로 고기가 많이 잡혔다고 합니다.
이에 놀란 베드로가 예수님의 무릎 아래 엎드려
'자신이 죄인'이라고 말했습니다.
말씀에 순종하니 깨닫게 된 것이지요.
예수님이 "이제 후로는 네가 사람을 취하리라" 하시니
베드로는 배들을 육지에 대고 모든 것을 버려두고,
예수님의 제자가 되었다고 합니다.
이를 보니 "나를 지으신 이가 하나님, 나를 보내신 이도
하나님"이라는 찬양의 가사가 더욱 생각납니다.

자신의 생각을 내려놓고
예수님의 말씀을 따르는 베드로처럼

주님의 제자로서 합당한
삶의 자세

열두 제자를 부르시다

예수께서 그의 열두 제자를 부르사
더러운 귀신을 쫓아내며 모든 병과 모든 약한 것을
고치는 권능을 주시니라
〈마태〉 10:1

예수께서 열두 제자들을 택하셔서
더러운 귀신을 쫓아내는 권능과 병과 약한 것을
고치는 권능을 주셨다고 합니다.
그 권능으로 많은 사람을 주님께로
인도하게 하기 위함이었지요.
그리고 예수님은 제자들을 세상으로 보내실 때
"자기 십자가를 지지 않고 나를 따르는 사람도
내게 합당치 않다."〈마태〉 10:38
라는 어려운 말씀도 하셨습니다.
저도 십자가를 진다는 의미를
매일 생각해 봅니다.
그리고 '자기 십자가를 지지 않고 예수님을 따르는 것'은
나의 죄를 대신하여 십자가에서 돌아가신
주님에 대한 믿음이 없음을 알게 해 주셨습니다.

이름을 각각 불러
인도하여 내시는 주님

내 이름으로 나를 부르시는 주님

문지기는 그를 위하여 문을 열고
양은 그의 음성을 듣나니
그가 자기 양의 이름을 각각 불러 인도하여 내느니라
〈요한〉 10:3

내 이름까지 아시는 하나님!
하나님은 자기의 양을 불러 인도하신다고 하셨습니다.
그분께서 "아무개야" 하고 나를 부르셨다니?
얼마나 놀라운 일인지 모르겠습니다.
그리고 하나님은
"너희에게는 머리털까지 다 세신 바 되었나니
두려워하지 말라
너희는 많은 참새보다 귀하니라"〈마태〉 10:30-31
라고 말씀하셨습니다.
우리가 하나님을 잘 믿지 못하니까
나를 낳은 부모도 모르는 내 머리카락의 숫자까지
안다고 하신 것이지 않을까요?
그런 하나님이 나를 부르셨는데,
나는 왜 빨리 대답하지 못했을까요?
참 안타까울 뿐입니다.

목마른 사람을 찾아

내가 주는 물을 마시는 자는
영원히 목마르지 아니하리니
내가 주는 물은 그 속에서 영생하도록
솟아나는 샘물이 되리라

〈요한〉 4:14

아무도 상대해 주지 않는 사마리아 여인이
사람들이 없는 대낮에 물을 길러 나왔습니다.
"내게 물 좀 떠 주겠느냐?"고 예수님은 말씀하셨습니다.
"이보다 더 괴로운 인생은 없다."는
막장 드라마와 같은 삶을 살던 이방 여인에게
찾아오신 예수님.
"남편이 다섯이나 있었고,
지금 함께 사는 남자도 네 남편이 아니니…"라고 하시며
예수님은 사마리아 여인의 삶을 안타까워하셨습니다.
예수님을 만난 사마리아 여인은 비로소
'영생하도록 솟아나는 샘물'인 예수님만이
참 위로자가 됨을 알게 된 것이지요.
광야같이 메마른 삶에서
사람의 위로나 세상의 방법으로는
삶의 목마름을 해결할 수 없습니다.
저도 그 생명수 샘물을 들여다볼 수밖에 없었던 날이

아무도 상대하지 않는 삶에
찾아오신 예수님

있었습니다. 내가 처음 교회에 간 날, 비로소
저도 십자가를 제대로 바라보게 되었습니다.
그리고 조금씩 주님이 주시는 생명수를 마시기 시작했습니다.
우리들은 모두 하나님과의 만남에
이렇게 각자 자기의 드라마를 찍고 있는 것이겠지요?
예수님을 만난 그때, 저는 제가 보던 책들은 뒤로하고
성경을 읽기 시작했습니다. 그래서
"하나님은 영이시니 예배하는 자가 영과 진리로
예배할지니라" 〈요한〉 4:24 라는 것도 알게 되었습니다.
그러시면서 이 사마리아 여인처럼 세상이 두려웠던 제게,

의로운 손으로 저를 붙들어 주신 거예요!

주님은 말씀하셨습니다.
"두려워하지 말라 내가 너와 함께함이라
놀라지 말라 나는 네 하나님이 됨이라 내가 너를
굳세게 하리라. 참으로 너를 도와주리라
참으로 나의 의로운 손으로 너를 붙들리라" 〈사〉 41:10 고.

복음을 잘 전하기 위해

주의 성령이 내게 임하셨으니
이는 가난한 자에게 복음을 전하게 하시려고
내게 기름을 부으시고 나를 보내사
포로 된 자에게 자유를 눈먼 자에게 다시 보게 함을
전파하며 눌린 자를 자유롭게 하고
주의 은혜의 해*를 전파하게 하려 하심이라 하였더라
〈누가〉 4:18-19

우리는 성경의 말씀을 잘 들어보아야 합니다.
예수님이 나사렛에 가셔서 구약 성경의 '이사야서' 나오는
엘리사 시대에 고침을 받은 사람들의 이야기를 하시면서
'포로가 된 자, 갇혀 있는 자들에게
자유를 주기 위해 왔노라'고 복음을 전했더니
사람들이 예수님을 동네 밖으로 내쫓았습니다.
"포로된 자에세 자유를 얻게 함은…"이라고 하신 말씀을
용납하기 어려웠던 모양입니다.
저도 믿기 전에는 '왜 내가 죄인인지, 무엇에 포로된 자인지'
잘 몰랐었습니다.
눈먼 자와 다름없었던 저에게 하나님의 마음을
알게 하여주심에 감사할 뿐입니다.

* 〈주의 은혜의 해〉는 50년마다 맞는 희년을 말한다.

'주의 영이 내게 내리셨다.
이는 하나님께서 내게 기름을
부으셔서 가난한 사람들에게
복음을 전파하도록 ....'

이사야의 두루마리에 보면

믿지 않는 사람들에게
복음을 전한다는 것은 어려운 일이다

천국 잔치에 초대받은 손님

어떤 사람이 큰 잔치를 베풀고 많은 사람을 청하였더니
잔치할 시각에 그 청하였던 자들에게
종을 보내어 이르되 오소서 모든 것이 준비되었나이다 하매
다 일치하여 사양하여…

〈누가〉 14:16-18 上

'주 예수를 믿으라'고 전도하면
'바빠요. 부모님이 신앙이 다르기 거든요. 집이 너무 멀어서요.
걸을 수 없어서요….' 라고 하며
여러가지 이유를 대며 거절하는 사람들이 많습니다.
하늘나라에서 초대한다고 하는데도
사람들은 믿지를 못합니다.
저도 하나님을 믿기 전에는 그랬으니까요.
그런데 믿고 보니 초대를 받은 바로 그때
응답하지 못했던 걸 후회하게 되었습니다.
지금, 오늘이 바로 선물이라는 것을 잊지 말라고
영어로 '지금, 오늘present이 선물present'이 되었나 봅니다
그래서 지금과 선물을 그렇게 영어로 같은 단어를 쓰나 봅니다.
하나님께 천국 잔치에 초대를 받았을 때는
즉시 응할 수 있어야 합니다.

잔치에 갈 수 없다고
핑계 대는 사람들

삭개오야, 내가 너를 찾아왔다.

삭개오처럼 간절한 자에게

인자가 온 것은 잃어버린 자를 찾아 구원하려 함이니라

〈누가〉 19:10

"삭개오야, 어서 내려오너라"라고 외로운 삭개오를
특별히 불러주신 예수님.
삭개오는 키가 아주 작았으며 세리장이었고 부자였습니다.
그 당시 세리란 사람들의 돈을 뜯어 자신의 배를 불리는
야비한 사람들이었다고 합니다.
그런데도 예수님은 "삭개오야"하고 이름을 부르신 것입니다.
그래서 사람들이 "예수가 죄인의 집에 들어갔다"라고
수군거렸다고 합니다.
아마 예수님이 우리의 실체를 아시는 그대로 말씀하신다면
우리는 감히 그 앞에 서 있을 수조차 없을 것입니다.
우리의 죄, 잘못된 생각, 행위들로는
우리를 구원해 주실 수도, 또는 구원을 받을 수도 없을 것입니다.
그럼에도 불구하고 예수님이 우리를 불러주셨습니다.
"잃어버린 자를 찾아 구원하려 함이니라" 하시는 것은
주님의 우리를 향한 더 할 수 없는 사랑 때문이겠지요.

6

가르치시는 예수님

그러나 너희는 택하신 족속이요 왕 같은 제사장들이요
거룩한 나라요 그의 소유가 된 백성이니
이는 너희를 어두운 데서 불러 내어
그의 기이한 빛에 들어가게 하신 이의
아름다운 덕을 선포하게 하심이라

〈베드로전서〉 2:9

아무것도 염려하지 말라

또 너희가 어찌 의복을 위하여 염려하느냐
들의 백합화가 어떻게 자라는가 생각하여 보라
수고도 아니하고 길쌈도 아니 하느니라
〈마태〉 6:28

앞으로 내가 먹고는 살 수 있을까?
어떻게 살아야 하나?
저는 늘, 매일, 걱정하며 불안해하며
두려워하며 살았습니다.
그런데 성경은 우리에게 '하나님께로
돌아가면 된다, 하나님께 기도하라'고 했습니다.
'백합이 어떻게 자라는가 생각하여 보라'는
말씀도 보게 되었습니다.
하나님께서는 그때 또,
"두려워하지 말라, 내가 너와 함께함이라.
놀라지 말라, 나는 네 하나님이 됨이라.
내가 너를 굳세게 하리라. 참으로 너를 도와주리라.
참으로 나의 의로운 오른손으로 너를 붙들리라."〈사〉 41:10
는 말씀도 하시면서 저를 불안에서 건져주시고
붙들어 주셨습니다.

사람들은 매일
걱정에 붙들려 살고 있답니다

내 잘못은 안 보여!

어찌하여 형제의 눈 속에 있는 티는 보고
네 눈 속에 있는 들보는 깨닫지 못하느냐
〈마태〉 7:3

남이 하는 잘못은 티끌만큼 작아도 아주 잘 보입니다.
나는, 내 눈은, 내 앞에 있는 것만 보이니까요.
내 눈은 나를 볼 수 없습니다.
나는 안 보입니다.
내 뒤도 볼 수 없습니다.
그러니까 결국 나는 내 자신을 볼 수 없는 거지요.
나를 모르니 남의 잘못만 지적할 수밖에요.
예수님은 이런 것을 티끌과 들보로 비유해서
말씀하시다니, 예수님의 대조법은 참 엄청나십니다.
저도 이제는 똑같은 현상이라도
부정적으로 지적하기보다는
긍정적으로 보고, 겸손하게 말하려고 합니다.
어떤 일이든 문제가 생겼을 때,
'이렇게 하면 하나님이 보시기에 좋을까?'를
생각해 보게도 되었습니다.

나는 옳고
너는 틀렸다니까?

겸손한 마음, 순수한 마음

무릇 자기를 높이는 자는 낮아지고
자기를 낮추는 자는 높아지리라 하시니라
〈누가〉 18:14 下

'자기를 높이는 자는 낮아지고'라는
성경의 이 말씀을 보면서
저는 쓴웃음을 지을 수밖에 없었습니다.
남과 자신을 비교하면서
'내가 더 잘났다'라고 하는 바리새인과 세리의 비유는
꼭 제 모습을 보는 것 같았으니까요.
이 말씀을 보면서 저는 하나님께 제 마음을 들킨 것 같았고,
잘난 척하기를 좋아하는 그런 저의 유치한 행동이
들통난 것 같아서 얼굴이 화끈거리고 부끄러웠습니다.
하나님께서 참아주시니까 그저 점잖은 척할 수 있는 거지요.
"자기를 낮추는 자는 높아지리라"라는
이 말씀만 따라도 저처럼 자기를 높이려는 사람들로
넘쳐나는 요즘 같은 세태가, 훈훈한 세상으로 바뀔 것 같습니다.

하나님!
저는 무엇도 했고요.
저 사람과 같지 않음에
감사하고요 …
저는 이렇게 이렇게
잘했습니다 …
그러니까요…
하나님 ——.
이 죄인에게
자비를 베풀어주십시오.

자기 생각만 옳다?

서로 한마음이 되어
합력해서 선을 이룰 수 있어야 한다

서로 싸우지 말라

스스로 분쟁하는 나라마다 황폐하여질 것이요
스스로 분쟁하는 동네나 집마다 서지 못 하리라
〈마태〉 12:25

서로 나뉘게 만들고 싸우게 만드는 것은
사탄의 짓이라고 합니다.
스스로 분쟁하면 황폐해지고 제대로 서지 못합니다.
서로 싸우면 가정도 깨지고 맙니다.
예수님이 우리의 죄를 대신하여
십자가를 지심으로 죄 사함을 받은 우리는
하나님 안에서 하나가 되어야 합니다
"하나님을 사랑하는 자 곧 그의 뜻대로
부르심을 입은 자들에게는 모든 것이 합력하여
선을 이루느니라"〈롬〉 8:28
라고 하나님은 말씀하셨습니다.
사탄이 우리를 건드리지 못하도록
"항상 기뻐하고, 쉬지 않고 기도하고,
모든 일에 감사"〈살전〉 5:16-18할 줄 아는
우리가 되어야 할 것입니다.

거룩함은 말로 하는 것이 아니다

이에 바리새인들과 서기관들이 예수께 묻되
어찌하여 당신의 제자들은 장로들의 전통을
준행하지 아니하고 부정한 손으로 떡을 먹나이까
이르시되
이사야가 너희 외식하는 자에 대하여
잘 예언하였도다 기록하였으되
이 백성이 입술로는 나를 공경하되 마음은 내게서 멀도다
사람의 계명으로 교훈을 삼아 가르치니 나를 헛되이
경배하는도다 하였느니라
너희가 하나님의 계명은 버리고 사람의 전통을 지키느니라
또 이르시되
너희가 전통을 지키려고 하나님의 계명을 잘 저버리는도다
〈마가〉 7:5-9

사람의 '전통'과 하나님의 '계명' 중
어떤 쪽을 따라야 하나 망설일 때가 있습니다.
거룩함이란 입으로만 '거룩하게' 말하는 것이 아니라
하나님의 말씀을 따라, 말씀대로 행하는 것이
더 중요합니다.
진정으로 믿는 마음을 보시는 것이지요.

성품이, 행동이 거룩해야 한다

다시는 죄짓지 말라

"여자여 너를 고발하던 그들이 어디 있느냐
너를 정죄한 자가 없느냐?"
대답하되 주여 없나이다 예수께서 이르시되
"나도 너를 정죄하지 아니하노니 가서
다시는 죄를 범하지 말라" 하시니라

〈요한〉 8:10-11

음행 중에 잡힌 여자를 서기관들과 바리새인들이
예수님께 끌고 왔습니다.
그때 "너희 중에 죄 없는 자가 먼저 돌로 치라"
예수님은 말씀하셨습니다. 그랬더니 아무도
남아있지 않고 다 사라졌다고 합니다.
이 여인만이 죄인이 아니라 돌을 던질 수 없는
그들도 다 죄인인 셈이지요.
십계명에도 간음하지 말라는 도둑질하지 말라는 계명보다 앞에
일곱 번째로 있는 계명입니다.
얼마나 문제가 되는 일이면 계명으로까지 말씀하셨을까요?
그러시면서 예수님은 말씀하십니다.
"다시는 죄를 범하지 말라"고.

간음하지 않은 자는 누구인가?

섬김은 진정한 사랑으로

내가 너희에게 행한 것 같이

너희도 행하게 하려 본을 보였노라

〈요한〉 13:15

유월절 전날 저녁에 예수님께서는
제자들의 발을 씻기셨습니다.
그 당시 종들은 집에 들어오는 주인과 손님들의
발을 씻어주었다고 합니다.
그런데 베드로는 예수님이 발을 씻어주시려고 하니
절대 안 된다고 했습니다.
그러자 예수님은 베드로에게 "내가 너를 씻어 주지 아니하면
네가 나와 상관이 없느니라."〈요한〉 13:8 고 말씀하셨습니다.
가장 낮은 자세로 섬겨야 하는 본을 보이신 것이지요.
진정한 사랑의 섬김만이
사람과 세상을 바꿀 수 있음을
예수님에게서 보게 됩니다.

거룩한 행함을
본 받는 제자가 되기를

나는 좋은 땅일까?

예수께서 비유로 여러 가지를 그들에게 말씀하여 이르시되
씨 뿌리는 자가 뿌리러 나가서 뿌릴새
더러는 길가에 떨어지매 새들이 와서 먹어버렸고
더러는 흙이 얕은 돌밭에 떨어지매 흙이 깊지 아니하므로
곧 싹이 나오나 해가 돋은 후에 타서 뿌리가 없으므로 말랐고
더러는 가시떨기 위에 떨어지매 어떤 것은 백 배, 어떤 것은
육십 배, 어떤 것은 삼십 배의 결실을 하였느니라
귀 있는 자는 들으라 하시니라

〈마태〉 13:3-9

이 '씨 뿌리는 자의 비유'는 참 재미있습니다.
여기에서 씨는'말씀'을 비유로 말씀하신 것이지요.
제가 '말씀'을 제대로 깨닫게 된 것은 정말 기적입니다.
밭에 따라 30배, 60배, 100배의 결실을 본다는
말씀에 '정말 그럴까?' 하며 저는 믿을 수가 없었습니다.
어느 해, 처음으로 고구마 농사를 지어보았습니다.
고구마를 캐는데 줄줄이 따라 올라오는 수확물들을 보고
'30배, 60배의 결실을 맺는다'라는 이 말씀을 눈으로
확인할 수 있었습니다. 아직 믿음 없었던 때,
그때는 성경 말씀을 읽고서도 "그래서 어쨌다는 거야" 하고
고개를 갸우뚱하는 돌밭 같은 저였습니다.

내 마음밭은 좋은 땅일까,
가시덤불일까?

성경 말씀은 쉽고 단순한 것 같지만
예수님을 사랑하지 않으면 이해할 수가 없습니다.
제가 늦은 나이에 말씀을 마음으로 받아들이게
된 것만으로도 은혜입니다. 제가 하나님의 말씀을
하나님의 음성으로 들을 수 있게 된 이후에는 세상살이를
이해하는 제 마음도, 그리고 문학을 보는 눈도 달라졌습니다.
성경, "달고 오묘한 그 말씀"을 이제는 더 깊이 깨달을 수
있기 바랄 뿐입니다.

너희도 서로 사랑하라

새 계명을 너희에게 주노니 서로 사랑하라
내가 너희를 사랑한 것 같이
너희도 서로 사랑하라
너희가 서로 사랑하면
이로써 모든 사람이
너희가 내 제자인 줄 알리라
〈요한〉 13:34-35

'사랑한다'라는 말을 들으면 그저 말로만 하는 것이라 해도
마음이 따뜻해지는 것 같습니다.
그래서 사람들은 쑥스러워하면서도 손가락으로,
또는 양손으로 하트 모양을 하며 사랑을 전하는 것 같습니다.
"네 마음을 다하고 목숨을 다하고 뜻을 다하여
주 너희 하나님을 사랑하라"라고 하셨습니다.
'믿음, 소망, 사랑, 그중에 제일은 사랑'이라고
하신 것처럼 우리 모두가 '서로 사랑하라'라는 새 계명을
지켜나가는 세상이 되기를 바랍니다.
예수님의 말씀처럼 우리가 서로 사랑하면
이로써 모든 사람이 우리가 예수님의 제자인
줄 알 것이라고 하셨으니까요.

여러분!
서로 사랑합시다!

기다림의 지혜

내 때는 아직 이르지 아니하였거니와
너희 때는 늘 준비되어 있느니라
〈요한〉 7:6

제가 기도하기만 하면 하나님은 저에게
즉각 대답하시는 줄 알았습니다.
내 시간chronos과 주님의 시간kairos이 같지 않다는 것을
몰랐습니다.
출애굽 해서 이집트 땅만 벗어나면
곧 가나안에 들어갈 줄 알았던 이스라엘 사람들처럼.
저도 기도만 하면, 믿기만 하면 일이 내 생각대로,
내가 정한 시간에 척척 될 줄 았았습니다.
그러나 출애굽 한 유대인들이 40년이나
광야에서 헤맸던 것처럼
저도 하나님의 때를 기다려야 했습니다.
광야의 그 시간, 그 기다림이 그들을 성숙하게 만들었듯이
그처럼 저도 호되게 광야학교를 거쳤습니다.
앞으로도 또 광야를 거치겠지요.
그때는 하나님의 시간과 나의 시간, 그 가운데서
하나님의 뜻을 헤아리며
'하나님의 때'를 기다릴 수 있겠지요.

기다림은 대단한 훈련이다

온 마음을 다하여 드리는 자를
기뻐하신다

온 마음을 다하여

한 가난한 과부는 와서 두 렙돈 곧
한 고드란트를 넣는지라
예수께서 제자들을 불러다가 이르시되
내가 진실로 너희에게 이르노니 이 가난한 과부는
헌금함에 넣는 모든 사람보다 많이 넣었도다
그들은 다 풍족한 중에서 넣었거니와
이 과부는 그 가난한 중에서 자기의 모든 소유 곧
생활비 전부를 넣었느니라 하시니라

〈마가〉 12:42-44

가난한 과부가 드리는 헌금 이야기는
열왕기상 17장 9절에 나오는 '사르밧의 한 과부'
이야기와 내용이 비슷합니다.
사르밧의 이 여인은 엘리야 선지자에게
마지막 남은 양식을 드리는 순종으로 가뭄 동안에
양식이 끊이지 않는 축복을 받았다고 합니다.
그와 같이 자기가 가진 것의 전부를 헌금한
가난한 과부의 이야기는
'우리 마음의 중심이 어디에 있는가,
신령과 진정으로 온 마음 다하여
주님을 섬기고 있는가'를 물어보시는 것임을 압니다.

선한 농부처럼

그러므로 내가 너희에게 이르노니니
하나님의 나라를 너희는 빼앗기고
그 나라의 열매 맺는 백성이 받으리라
〈마태〉 21:43

'땅 주인이 포도원을 맡기고 갔다가 추수 때가 되어
소작인들에게 그 몫의 소산물을 받으려고
종들을 보냈습니다 ……
이 악한 소작인들은 그 아들 또한
포도원 밖으로 내쫓아서 죽였습니다'〈마태〉 21:33-39
라고 하는 포도원의 악한 농부 이야기는
구약 성경의 이사야서 5장에도 나옵니다.
이 이야기를 통해서
"너희는 제대로 예수님의 말씀을 따르고 있는 것이냐?"
라고 물으시는 것 같았습니다. 그렇지 않다면
너희는 하나님 나라를 빼앗길 것이라고 하십니다.
이스라엘을 포도원으로 비유해서 말씀하신 것을 보며
저에게 맡겨주신 것을 잘 가꾸어나가
결실을 잘 맺을 수 있기를 기도합니다.

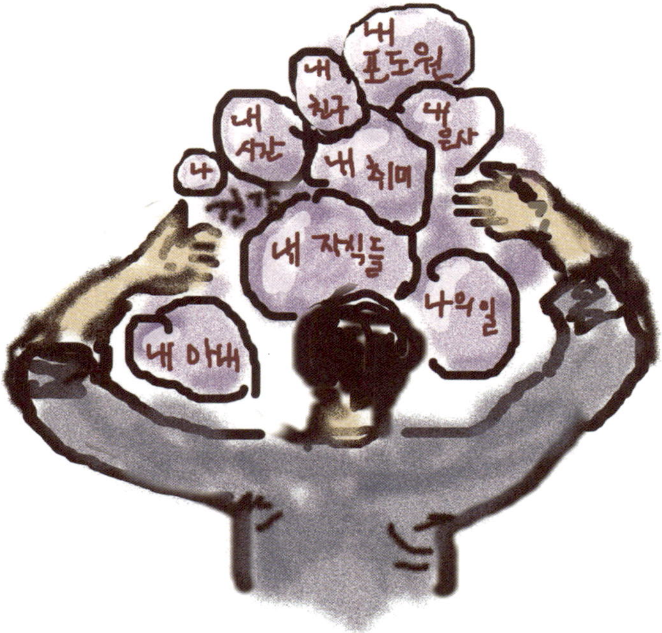

맡겨주신 포도원을
잘 경작하고 있느냐

무엇을 해야 영생을 살 수 있을까?

예수께서 그를 보시고 사랑하사 이르시되
네게 아직도 한 가지 부족한 것이 있으니
가서 네게 있는 것을 다 팔아 가난한 자들에게 주라
그리하면 하늘에서 보화가 네게 있으리라
그리고 와서 나를 따르라 하시니
〈마가〉 10:21

한 사람이 "무엇을 해야 영생을 살 수 있을까요?"
라고 예수님께 질문했습니다. 그 질문에
"네게 있는 것을 다 팔아 가난한 자들에게 주라"는 대답이
위의 성경 말씀입니다. 그랬더니 그 사람은
"침울해져서 슬퍼하며 갔다"고 합니다.
내 집, 내 돈, 내 부모, 내 자녀, 내 생각, 내 직장이라는 말에서
'내 것'이라는 생각과 말이
'하나님의 집, 하나님이 주신 돈, 하나님의 가족,
하나님이 내게 맡겨주신 자녀'로
바뀔 수 있는 그때가 답이지 않을까요?
그러면 이 땅에서의 현재도
진정으로 영생의 축복을 누리는
시간과 공간으로 바뀌게 될 것입니다.

하늘나라의 기쁨을
누리는 시간과 공간 되기

가진 것을 베풀며 살고 있는가?

부자와 거지의 역전 드라마

아브라함이 이르되
얘 너는 살았을 때 좋은 것을 받았고
나사로는 고난을 받았으니 이것을 기억하라
이제 그는 여기서 위로를 받고
너는 괴로움을 받느니라
〈누가〉 16:25

나사로라는 거지는 죽어 천사들에게 받들려
아브라함의 품에 들어가고
부자는 음부에 들어가 고통을 받게 된다는 이야기입니다.
이 비유는"여호와는 죽이기도 하시고 살리기도 하시며
스올에 내리게도 하시고 거기에서 올리기도 하시는도다"
라는 사무엘상 2장 6절의 말씀과 마찬가지로
저의 가슴을 쿵 칩니다.
죽음은 거지나 부자에게나 누구에게나 오는 것입니다.
이 땅에 사는 동안 긍휼한 마음을 가지고
버려진 자를 버려진 채로 두지 말라는 말씀이지요.
우리는 "네 이웃을 네 몸과 같이 사랑하라"는
레위기의 말씀을 잊지 않으며 살아가야 합니다.

자기를 낮추는 어린아이처럼

어린아이 같아야

진실로 너희에게 이르노니 너희가 돌이켜
어린 아이들과 같이 되지 아니하면
결단코 천국에 들어가지 못하리라
그러므로 누구든지 이 어린 아이와 같이
자기를 낮추는 사람이 천국에서
큰 자니라
〈마태〉 13:3-4

'천국에서는 누가 가장 큰 사람입니까?' 마태〉 18:1
하고 제자들이 예수님께 묻습니다.
어린아이와 같지 않으면
천국에 갈 수 없다고 말씀하십니다.
'누구든지 어린아이들과 같이 자기를 낮추는 사람이
천국에서 큰 사람'이라고 하십니다.
이미 어른이 되어버려서, 어린아이처럼 낮춘다는 것은
'혹시 바보처럼 되는 게 아닐까, 세상적으로 손해도
엄청나게 보는 것은 아닐까?' 하는 생각에
머리를 굴리기도하고 합니다.
요즘 이 말씀을 자주 묵상하게 되는데,
뉴스를 보면 자기를 낮추기는 커녕
자기 이익만 추구하는 어른들이 많이 나옵니다.
그들이 너무 추해 보입니다.

기도는 예수님의 이름으로

그날에는 너희가 아무 것도 내게 묻지 아니하리라
내가 진실로 진실로 너희에게 이르노니
너희가 무엇이든지 아버지께 구하는 것을
내 이름으로 주시리라.

〈요한〉 16:23

기도는 예수를 믿는 사람이 주 예수 그리스도의 이름으로
구체적으로 하나님 아버지와 대화하는 것입니다.
날마다, 끊임없이 하나님의 말씀을 들으며
자신의 이야기를 말씀드리며 의사소통하는 것입니다.
하나님과 교제하는 것이 기도이지요.
예수님은 우리에게 '이렇게 기도하라'고 하셨습니다.

하늘에 계신 우리 아버지여 이름이 거룩히 여김을 받으시오며
나라가 임하시오며 뜻이 하늘에서 이루어진 것 같이
땅에서도 이루어지이다
오늘 우리에게 일용할 양식을 주시옵고 우리가 우리에게
죄 지은 자를 사하여 준 것 같이 우리 죄를 사하여 주시옵고
우리를 시험에 들게 하지 마시옵고 다만 악에서 구하시옵소서
(나라와 권세와 영광이 아버지께 영원히 있사옵나이다 아멘)

〈마태〉 6:9-13

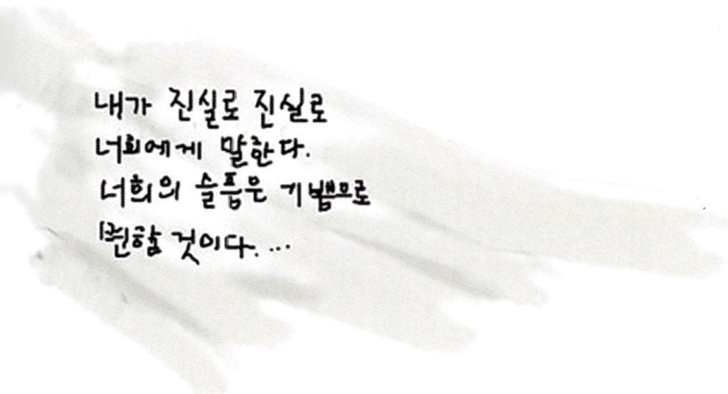

진실로 진심으로
기도해야 한다

7

고치시는 예수님

예수께서 온 갈릴리에 두루 다니사

그들의 회당에서 가르치시며 천국 복음을 전파하시며

백성 중의 모든 병과 모든 약한 것을 고치시니

〈마태복음〉 4:23

사람을 더럽게 하는 것들

속에서 곧 사람의 마음에서 나오는 것은
악한 생각 곧 음란과 도둑질과 살인과 간음과 탐욕과
악독과 속임과 음탕과 질투와 비방과 교만과 우매함이니
이 모든 악한 것이 다 속에서 나와서
사람을 더럽게 하느니라

〈마가〉 7:21-23

모든 악한 것이 다 사람의 속에서 나온다고 합니다.
정말 그러네요. 요즘 세상에서 자칭 성공했다고 하는
사람들 중에는 어이없는 행동을 해놓고도
딱 잡아떼는 사람들이 많은 것을 봅니다.
음란과 도둑질, 사기 침, 교만함, 우매함….
예수님의 지상에 계셨던 2천 년 전이나 지금이나,
사람들은 마찬가지인 것같습니다.
매일, 아침마다 선한 영향력을 끼칠 수 있도록
악한 생각이나 잘못된 행동을 하지 않도록
우리는 성경의 말씀을 읽으며
'영의 양식'을 먹어야 합니다.
이것이 저희를 살리는 길이라고 하시거든요.

사람에게 들어가는 것은 사람을 살리는 것이다

권위와 능력으로 귀신을 내쫓다

예수께서 꾸짖어 이르시되
"잠잠하고 그 사람에게서 나오라"하시니
귀신이 그 사람을 무리 중에 넘어뜨리고 나오되
그 사람은 상하지 아니한지라
다 놀라 서로 말하여 이르되 '이 어떠한 말씀인고
권위와 능력으로 더러운 귀신을 명하매 나가는도다' 하더라

〈누가〉 4:35-36

사탄이 분명히 존재한다는 것을
이 누가복음의 말씀을 보면서 알게 되었습니다.
하나님을 믿기 전에는 저도
저의 앞날이 너무 불안해서
무속인에게 물어본 적이 있었습니다.
물어보면 볼수록 점점 더 불안해졌습니다.
그런데 하나님께 구원받은 후, 정말 마음이 평안해졌습니다.
마음이 혼란스러울 때는 찬양을 듣거나 부릅니다.
하나님은 시편 40편 2절의 말씀처럼, 저를
깊은 웅덩이와 수렁에서 건져내시고
내 발을 반석 위에 두시고
내 걸음을 견고하게 하고 계시니까요.

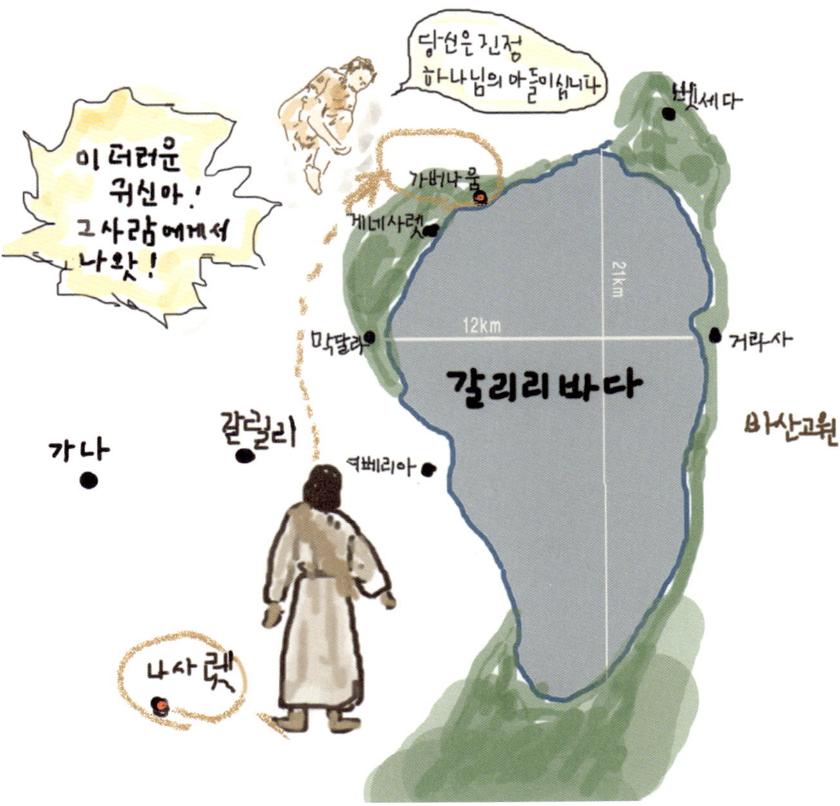

사탄은 꾸짖어 내쫓아야 한다

네 간절한 믿음이 너를 구원하였다

혈루증 앓던 여인을 고쳐주시다

열두 해 동안이나 혈루증으로 앓는 여자가
예수의 뒤로 와서 그 겉옷 가를 만지니
이는 제 마음에 그 겉옷만 만져도
구원을 받겠다 함이라
예수께서 돌이켜 그를 보시며 이르시되
딸아 안심하라 네 믿음이 너를 구원하였다
하시니 여자가 그 즉시 구원을 받으니라

〈마태〉 9:20-22

예수님의 옷자락만 만져도 나을 것이라는 여인과 같은
순전한 믿음, 간절한 마음이 제게는 부족했나 봅니다.
그런 믿음, 그런 간절한 마음이
은혜의 기적을 담는 그릇이라고 합니다.
저도 혈루증 앓던 여인을 돌아보신 것처럼
예수님이 저를 돌아보시면 좋겠습니다.
제 스승이신 이어령 선생님께서도
많이 편찮으셨는데도 죽음을 담담하게 받아들이며
"예수님의 옷자락이라도 잡고 가겠다."고
간절하게 말씀하셨던 기억이 납니다.

어머니의
간절한 마음을 보신 예수님

수로보니게*의 딸을 고쳐주시다

여자여 네 믿음이 크도다 네 소원대로 되라라
하시니 그 때로부터 그의 딸이 나으니라
〈마태〉 15:28

귀신 들린 딸을 낫게 해달라고 울부짖는 어머니가 있었습니다.
예수님께서는 이방 사람인 그 여인에게
"자녀의 떡을 취하여 개들에게 던짐이 마땅하지 아니하니라."
라고 너무나 냉정하게 대답을 하시는 거예요.
예수님의 이 말씀에 여인은 얼마나 당황했을까요?
그럼에도 여인은 "주여 옳소이다마는
개들도 제 주인의 상에서 떨어지는 부스러기를 먹나이다"
라고 하며 재차 간청했습니다. 그때에 예수님은
"여자여 네 믿음이 크도다 네 소원대로 되리라"
하시며 여인의 딸을 낫게 해주셨습니다.
'그럼에도 불구하고' 자식을 살리고자 간청하는
어머니의 간절한 마음을 예수님은 보신 것입니다.
어느 때나 어디에서나 어머니의 자식에 대한 간절한 기도는
예수님의 마음에까지 닿아있는 것 같습니다.

* 수로보니게(Syrian phoenicia): 팔레스타인 북부 수리아 지역의
베니게를 이르는 말.『비전 성경 사전』p.698

믿는 사람들에게는
능치 못할 일이 없습니다

귀신 들린 아이를 고칠 수 있는가?

무리 중의 하나가 대답하되
선생님 말 못하게 귀신 들린 내 아들을 선생님께 데려왔나이다.
귀신이 어디서든지 그를 잡으면 거꾸러져
거품을 흘리며 이를 갈며 그리고 파리해지는지라
내가 선생님의 제자들에게 내쫓아 달라 하였으나
그들이 능히 하지 못하더이다
〈마가〉 9:17-18

성경에는'귀신 들린 사람'에 대한 이야기가 많이 나옵니다.
최근에도 조현병으로 고통당하는 이들이 많습니다.
그리고 모 TV의 육아 문제를 다루는 프로그램을 보면
억지를 부리는 아이들, 게임에 중독된 아이들,
폭력적인 아이들 등등이 나옵니다.
얼마나 안타까운지 모르겠습니다.
"말 못하고 못 듣는 귀신아 내가 네게 명하노니
그 아이에게서 나오고 다시 들어가지 말라"〈마가〉 9:25
고 예수님께서는 그 더러운 귀신을꾸짖어
쫓아내셨습니다.
귀신 들린 사람들이 있다면 현대 의학의 도움 위에
하나님의 권능이 덮어져서
모두가 치료되기를 간절히 바랍니다.

사탄에 매인 영혼을

그러면 열여덟 해 동안 사탄에게 매인 바 된
이 아브라함의 딸을 안식일에
이 매임에서 푸는 것이 합당하지 아니하냐
〈누가〉 13:16

예수님께서는 안식일임에도 등이 굽은 여인을 고치셨습니다.
형식과 체면보다 생명을 살리는 것이
더 중요한 일임을 우리에게 알게 하셨지요.
구별된 자로 산다는 것은 세상의 가치 기준,
다른 사람의 평가와 같은
그런 매임에서 풀려나는 것입니다.
죄로 묶인 삶에서 놓여나 하나님의 거룩함을
닮아가는 삶을 사는 것이지요.
세상 살아가는 문제에서 헤어 나오지 못했던
저의 마음을 건져 주신 하나님은
제게도 세상의 것들에 매였던 마음을
해방시켜 허리를 펴고 살게 해주셨습니다.
어떤 상황에서도 하나님을 믿음으로 하나님의 말씀을 따라
겸손하게 살겠다고 기도드립니다.
구원받아 자유하게 된다는 게 그런 것인가 봅니다.

사탄에 매여 있던 여인의
허리가 펴진 것처럼

고침 받은 자의 "감사"

이 이방인 외에는 하나님께 영광을 돌리러
돌아온 자가 없느냐 하시고
일어나거라. 네 믿음이 너를 구원하였다

〈누가〉 17:18-19

고침을 받은 나병환자 열 사람 중 단 한 사람만이 다시 돌아와
하나님께 영광을 돌리며 예수님의 발아래 엎드려
'감사하다'라고 말했고 나머지 아홉 사람은 감사를 잊고
급하게 가버렸다고 합니다.
자기 병이 다 낫고 나면, 또는 일이 다 해결되고 나면
우리는 감사를 잃어버릴 때가 많습니다.

잊지 않고 "감사합니다, 고맙습니다."라는
말을 하고 나면 스스로 흐뭇해집니다.
"감사합니다, 고맙습니다."라는 말을 들으면
듣는 사람의 마음도 갑자기 행복해집니다.
" 주님! 감사합니다."라고 하면
"일어나거라, 오늘 네 믿음이 너를 구원하였다."
는 주님의 음성이 제게도 들려오는 것 같습니다.

감사할 줄 아는 마음

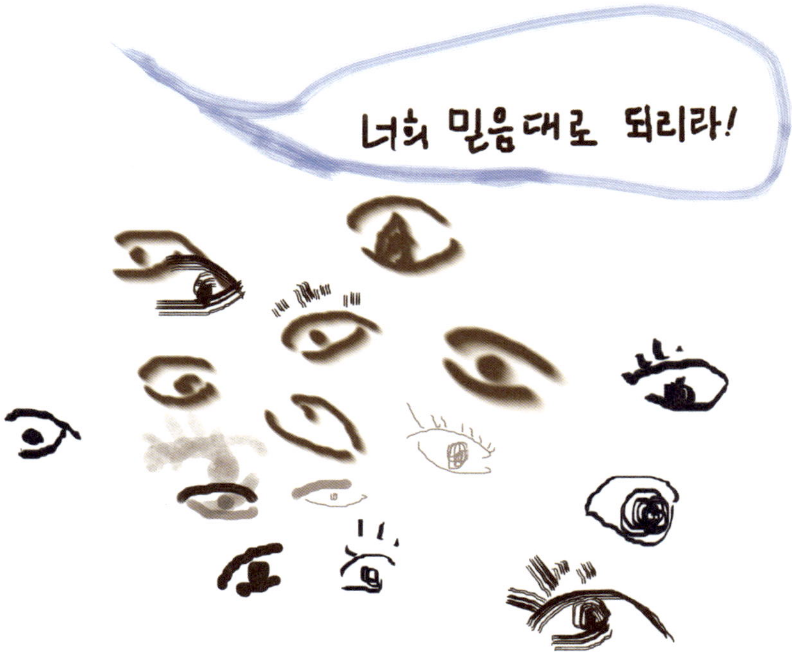

영을 분별할 수 있는 마음의 눈

눈먼 자의 눈을 뜨게 하시다

이에 예수께서 그들의 눈을 만지시며 이르시되
너희 믿음대로 되라 하시니
그들의 눈이 밝아진지라
〈마태〉 9:29-30上

맹인 둘이 예수님을 따라오며
'다윗의 자손이여, 우리를 불쌍히 여기소서'
소리를 질렀다고 합니다.
예수님은 볼 수 있게 되기를 간절히 바라는 맹인들의 눈을
만지시며"네 믿음대로 되라"고 하셨습니다.
'볼 수 있음'은, 즉 구원의 원천은 하나님의 은혜로부터
시작되는 것입니다.
진정, 믿음으로 자신의 소원을 기도할 수 있어야 합니다.
하나님을 믿기 전까지는 저도 '영적으로 본다는 것'이
무엇인지 몰랐었습니다. 그러니까 눈은 있으되 영적으로는
보지 못하는 맹인과 다름이 없었던 셈이지요.
하나님은 보이지 않는 것을
믿음으로 보게 하시는 것이지요.
눈먼 자가 눈을 뜨듯, 하나님의 뜻을
잘 알아챌 수 있도록 저도 제 눈이 밝아지기를 원합니다.

마음의 눈이 열리기를 원합니다

제자들을 돌아 보시며 조용히 이르시되
너희가 보는 것을 보는 눈은 복이 있도다
내가 너희에게 말하노니 많은 선지자와 임금이
너희가 보는 바를 보고자 하였으되 보지 못하였으며
너희가 듣는 바를 듣고자 하였으되 듣지 못하였느니라
〈누가〉 10:23-24

"선지자와 임금이 너희가 보는 바를 보고자
하였으되 보지 못하였으며…"
처음으로 믿기 시작했을 때는 이 말이
무슨 의미인지를 몰랐었습니다.
하나님을 전심으로 믿는 자들에게
'보는 것을 보는 눈'을 주심은
믿는 자들에게 정말 큰 복입니다.
주님을 믿는 자의 큰 기쁨입니다.
사실 믿음이 없으면 성경을 읽으면서도
말씀의 뜻을 이해하지 못하고 알아듣지 못합니다.
저도 제 마음에 들어와 계신 예수님으로 인해
성경을 보는 눈이 달라질 수 있었습니다.

주님의 일을 볼 수 있는 눈은 복이 있다

영적인 눈을 가지고 싶습니다

바리새인 중에 예수와 함께 있던 자들이
이 말씀을 듣고 이르되
우리도 맹인인가
예수께서 이르시되
너희가 맹인이 되었더라면 죄가 없으려니와
본다고 하니 너희 죄가 그대로 있느니라
〈요한〉 9:40-41

바리새파 사람들은 여전히 죄에 가려
예수님의 진의를 알아채지 못했습니다.
"내가 심판하러 이 세상에 왔으니
보지 못하는 자들은 보게 하고
보는 자들은 맹인이 되게 하려 함이라"〈요한〉 9:39
고 예수님은 말씀하셨습니다.
"제 꾀에 제가 넘어간다"라는 말이 있지요.
우리도 '볼 수 있다, 본다, 무엇을 안다'라고 자만하기 전에
예수님의 뜻이 어디에 있는지
생각해 볼 수 있어야 하겠습니다.

자기 생각으로 눈을 가리지 않게
겸손해야 한다

죽은 나사로를 살리시다

예수께서 이르시되
나는 부활이요 생명이니 나를 믿는 자는
죽어도 살겠고 무릇 살아서 나를 믿는 자는
영원히 죽지 아니하리니 이것을 네가 믿느냐

〈요한〉 11:25-26

마르다와 마리아의 오빠인 나사로를 살리신 예수님.
나사로는 이미 죽어서 무덤에 있은 지
나흘이나 되었습니다. 그때 예수님은
"큰 소리로 나사로야 나오라 부르시니
죽은 자가 수족을 베로 동인 채로 나오는데
그 얼굴은 수건에 싸였더라 예수께서 이르시되
풀어 놓아 다니게 하라 하시니라"
하셨습니다.
나사로, 죽은 나사로를 살리신 것은 우리로 하여금
부활을, 하나님의 영광을 보게 하신 것 같습니다.
사망의 권세를 이기고 살아나는,
고난을 이겨낸 영광을 보게 하시려는 것입니다.
"나는 부활이요 생명이니 나를 믿는 자는 죽어도 살겠고"
라고 하시는 이 말씀을
저는 오늘도 가슴에 품을 수밖에 없습니다.

믿음은 기적을 만든다

거룩함을 가장한 교활함

이에 바리새인들이 가서 어떻게 하면 예수를
말의 올무에 걸리게 할까 상의하고
〈마태〉 22:15

얼굴에 '사탄'이라고 쓰여 있는 사람도 없고,
스스로 사탄이라고 밝히지도 않습니다.
그러나 사탄은 존재합니다.
사탄이 '옳고 그름'의 문제로 우리를 넘어뜨리려 할 때
우리는 그 말의 이면에
어떤 '악한 속셈'이 있는지 살필 수 있는
하나님의 지혜가 필요합니다.
그래서 우리는 어떤 상황인지 구별할 수 있는
지혜를 하나님께 매일 구해야 합니다.
"순간의 선택이 평생을 좌우한다"라는 광고 문구처럼
하나님의 마음에 합당한 쪽만
선택할 수 있어야 합니다.
자칫 잘못하면 사탄에게 넘어갈 수 있으니까요.

얼굴에
사탄이라고 쓰여진 사람은 없다

선한 척하는 악한 계략

예수께서 그 간계를 아시고 이르시되

〈누가〉 20:23

예수님께서는 그들의 겉과 속이 다름을
꿰뚫어 보고 말씀하셨습니다.
사람의 말은 끝까지 다 들어보아야 한다고 합니다.
선한 말로 시작했다고 꼭 선한 것은 아닙니다.
"그들이 물어 이르되 선생님이여 우리가 아노니 당신은 바로
말씀하시고 가르치시며 사람을 외모로 취하지 아니하시고
오직 진리로써 하나님의 도를 가르치시나이다
우리가 가이사에게 세를 바치는 것이 옳으니이까
옳지 않으니이까"〈누가〉 20:21-22라고 질문하는 그들이
어떤 마음을 품고 그런 말을 하는지,
예수님은 그 간계를 다 아시고 대답하셨다고 합니다.
사람들이 선한 척하면서 그 마음에 사탄의 궤계를
숨기고 있지나 않은지 잘 분별할 수 있어야 합니다.
겉과 속이 다른 사람, 표리부동한 사람들이
세상에는 참 많으니까요.
우리의 허점을 파고드는 "대적 마귀가 우는 사자 같이 두루
다니며 삼킬 자를 찾나니" 〈벧전〉 5:8 "근신하고 깨어 있으라"고
하나님은 말씀하시거든요.

위선적인 속셈은 들통이 난다

8

예수님의 십자가 죽음

내가 그리스도와 함께 십자가에 못 박혔나니
그런즉 이제는 내가 사는 것이 아니요
오직 내 안에 그리스도께서 사시는 것이라
이제 내가 육체 가운데 사는 것은
나를 사랑하사 나를 위하여 자기 자신을 버리신
하나님의 아들을 믿는 믿음 안에서 사는 것이라

〈갈라디아서〉 2:20

예루살렘에 들어가시다

앞에서 가고 뒤에서 따르는 무리가 소리 높여 이르되
호산나 다윗의 자손이여 찬송하리로다
주의 이름으로 오시는 이여
가장 높은 곳에서 호산나 하더라
〈마태〉 21:9

예수님께서 제자들과 함께 예루살렘에 들어가시니
많은 사람이 따르며 '호산나'를 외쳤습니다.
'호산나Hosanna' 라는 말은 "우리를 구원하소서"라는
히브리어 '호쉬아나'에서 파생된 말로
'구원을 간구한다'는 뜻입니다.
저는 교회에 처음 갔을 때 '호산나'가
무슨 의미인지 '구원'이 어떤 사건인지 몰랐었습니다.
'구원'이라는 말도 무슨 말인지 몰랐었으니까요.
구원은 '죄의 상태에 놓여있는 인간을
하나님께서 사랑하셔서 하나뿐인 아들 예수 그리스도를
이 땅에 보내셨고 인간의 죄를 사하기 위해
피 흘림으로 하나님과 인간이 온전한 화목을
이루도록 하셨다'〈롬〉 5:9라는 의미입니다.
구원은 하나님께서 인간을 위해 마련하신
놀라운 은혜입니다.

호산나, 우리를 구원하소서

사랑, 그 거룩한 낭비

마리아는 지극히 비싼 향유, 곧 순전한 나드 한 근을
가져다가 예수의 발에 붓고 자기 머리털로 그의 발을
닦으니 향유 냄새가 집에 가득하더라
〈요한〉 12:3

이렇게 향유를 붓는 마리아를 가룟 유다는
"이 향유를 삼백 데나리온에 팔아 가난한 자들에게 주지
그랬느냐?"고 비난합니다. 삼백 데나리온은 그 당시
노동자들의 300일 치 임금에 해당하는 액수였다고 합니다.
사람들도 마리아에게 "왜 저렇게 낭비할까,"
"정신이 좀 이상한 여자"라고 쑤군거렸을 것입니다.
그러나 하나님께서는 "네게 있는 가장 귀한 것으로
헌신할 수 있는지?"를 물으시는 것 같았습니다.
예수님의 사랑에 제대로 감사의 표현을 하고 있는지에 대해
저 자신은 어떤가 돌이켜 봅니다.
부모는 자녀에게 사랑을 아낌없이 주는데
자식들은 그 사랑에 감사를 표하기가 쉽지 않은 것처럼
예수님에 대해서도 마찬가지인 것 같습니다.

향유로 예수님께
예를 다하는 마리아

평소처럼 예수님은 감람산에서 기도하셨다

감람산에서 기도하시는 예수님

나의 원대로 마시옵고
아버지의 원대로 되기를 원하나이다
〈누가〉 22:42 下

무릎을 꿇고 간절히 기도하시던
예수님의 모습을 마음속에 깊이 새겨봅니다.
저도 "아버지의 뜻대로 하옵소서"라고
할 수 있어야 하는데
저는 제 뜻대로, 제가 원하는 것만을
기도할 때가 더 많았음을 고백하며 회개합니다. 그리고
기도를 소리 내서 한다는 것이
제겐 정말 어려운 일이었습니다.
"너희가 시험에 빠지지 않도록 기도하라"
고 하셨던 예수님!
감람산에서 하신 예수님의 기도처럼
저도 이제는 나의 영광보다
세상을 위해 주변 사람들의 구원을 위해
진정으로 기도하기 위해 "주님! 주여!" 하며
큰 소리로 주님을 부를 수 있습니다.

슬픔에 지쳐 잠이 든 제자들을 보시고

시험에 들지 않게 깨어 기도하라

예수께서 힘쓰고 애써 더욱 간절히 기도하시니
땀이 땅에 떨어지는 핏방울 같이 되더라
기도 후에 일어나 제자들에게 가서
슬픔으로 인하여 잠든 것을 보시고 이르시되
어찌하여 자느냐 시험에 들지 않게
일어나 기도하라 하시니라

〈누가〉 22:44-48

예수님께서 얼마나 간절하게 기도하셨는지
땀방울이 핏방울 같이 되었다고 합니다.
저는 제가 얼마나 '절실하게 기도해 보았나'를
생각해 보니 또 부끄러울 뿐입니다.
슬플 때는 너무 슬퍼서 기도를 잊어버리고
기쁠 때는 너무 좋아서
기도를 잊어버릴 때가 저는 많았습니다
슬플 때나 기쁠 때나 어느 때에도
우리는 쉬지 않고 기도해야 합니다.
시험에 들지 않도록 간절하게 기도해야 합니다.

유다의 배반으로 잡히시는 예수님

나사렛…
예수…

대제사장의 뜰에서
예수님을 부인하는 베드로

예수님을 모른다는 베드로

베드로는 문 밖에 서 있는지라 대제사장을 아는
그 다른 제자가 나가서 문 지키는 여자에게 말하여
베드로를 데리고 들어오니
문 지키는 여종이 베드로에게 말하되
너도 이 사람의 제자 중 하나가 아니냐 하니
그가 말하되 나는 아니라 하고

〈요한〉 18:16-17

베드로는 예수님을 모른다고 세 번이나 말했습니다. 베드로의 이런 태도는 약자의 자리에 섰을 때 두려움 때문에 말하지 못하는 내 모습을 보는 것 같아 부끄러웠습니다. 그 후 부활하신 예수님을 만난 베드로는 성령의 능력으로 힘 있게 복음을 전하는 인물이 되었습니다.

빌라도의 무책임한 결정

빌라도가 대제사장들과 무리에게 이르되 내가 보니
이 사람에게 죄가 없도다 하니
무리가 더욱 강하게 말하되 그가 온 유대에서 가르치고
갈릴리에서부터 시작하여 여기까지 와서
백성을 소동하게 하나이다

〈누가〉 23:4-5

우리는 사도신경을 외울 때마다
"본디오 빌라도에게 고난을 받으사 십자가에
못 박혀 죽으시고"라고 꼭 말합니다.
빌라도는 로마 황제가 임명한 유대 지역의 총독으로
백성들이 소리치는 대로 예수님을 십자가에
못 박히게 한 인물입니다.
그런 불의한 결정에도 말없이 순종하심으로
하나님의 뜻을 온전히 이루시는 예수님.
"의인으로서 불의한 자를 대신하셨으니 이는 우리를
하나님 앞으로 인도하려 하심이라"〈벧전〉 3:18
는 말씀을 묵상하며 십자가를 바라봅니다. 그리고
'내가 당하는 억울함이나 고통이 예수님만 하겠는가?' 하며
나를 구원하신 예수님으로 인해 제 마음을 다스립니다.

예수를 십자가에 못 박게 하소서
소리치는 군중들

십자가 위에서 하신 일곱 마디 말씀

1. 아버지 저들을 사하여 주옵소서
   자기들이 하는 것을 알지 못함이니이다 〈누가〉 23 : 34

2. 내가 진실로 네게 이르노니
   오늘 네가 나와 함께 낙원에 있으리라 〈누가 〉23 : 43

3. 여자여 보소서 아들이니이다(하시고 또 그 제자에게
   이르시되) 보라 네 어머니라 〈요한〉 19 : 26-27

4. 엘리 엘리 라마 사박다니 나의 하나님, 나의 하나님,
   어찌하여 나를 버리셨나이까 〈마태〉 27 : 46, 〈마가〉 15 : 34

5. 내가 목마르다 〈요한〉 19 : 28

6. 다 이루었다 〈요한〉 19 : 30

7. 아버지 내 영혼을 아버지 손에 부탁하나이다 〈누가〉 23 : 46

예수님이 이 땅에서의 삶을 마무리하면서 이 십자가 위에서 고통 가운데 하신 말씀을 다시 한번 적어봅니다.
예수님은 아침 아홉 시에 십자가에 못 박힌 채 그 매달린 시간은 6시간가량이라고 합니다. 6분도 아니고 60분도 아니고 6시간.

예수님께서 돌아가시기 전, 십자가에서 하셨던 말씀을
십자가 위의 칠언 seven words of Christ on the cross
이라고 합니다. 그 아픔의 시간에 이런 말씀을 남기시고
십자가 위에서 숨지셨다고 합니다. 그 고통의 시간,
처절했을 그 시간, 그 아픔을 상상해 봅니다.
우리의 죄를 다 감당하시고 돌아가신 예수님.
그로 인해 우리는 오늘도 살아갑니다. 우리의 어떤 고난도
십자가 위의 그 아픔보다는 덜 할 것입니다.
"성전을 헐고 사흘에 짓는 자여 네가 만일
하나님의 아들이어든 자기를 구원하고 십자가에서
내려오라" 〈마태〉 27:40 야유하며 조롱하는 사람들,
십자가에 달린 아들을 보며 통곡했을 어머니….
예수님은 왜 비참하게, 왜 이렇게 슬프게, 이런 고난,
고통을 당하신 것일까요? "십자가의 도가 멸망하는
자들에게는 미련한 것이요, 구원을 받는 우리에게는
하나님의 능력이다."〈고전〉 1:8 라고 하십니다.
예수님의 십자가 위에서 죽음이 세상을 구원하고
저의 죄가 사함을 받고 제가 영생을 누리게 된 것입니다.

십자가에서 돌아가시다

예수께서 다시 크게 소리 지르시고 영혼이 떠나시니라
이에 성소 휘장이 위로부터 아래까지 찢어져 둘이 되고
땅이 진동하며 바위가 터지고
〈마태〉27:50-51

예수께서 큰 소리를 지르시고 숨 지시니라
이에 성소 휘장이 위로부터 아래까지 찢어져 둘이 되니라
〈마가〉15:37-38

예수께서 큰 소리로 불러이르시되 아버지 내 영혼을 아버지 손에
부탁하나이다 하고 이 말씀을 하신 후 숨지시니라
〈누가〉 24:46

예수께서 신 포도주를 받으신 후에 이르시되 다 이루었다 하시고 머리를
숙이니 영혼이 떠나가시니라
〈요한〉 19:30

예수님은 그렇게 십자가에서 숨지셨습니다.
위 인용은 예수님의 죽음을 알리는 사 복음서의 말씀들입니다.
예수님은 온 땅이 어두운 가운데 영혼이 떠나가셨다고 합니다.
그로 인해 "이제 내가 육체 가운데 사는 것은 나를 사랑하사
나를 위하여 자기 자신을 버리신 하나님의 아들을
믿는 믿음 위에 사는 것이라"〈갈〉2:20 下 는 말씀을
저는 오늘도 마음 깊이 새겨 봅니다.

유대인의
왕..
예수..
다…
미루었다…

예수님, 무덤에 안치되시다

저물었을 때에 아리마대의 부자 요셉이라 하는 사람이
왔으니 그도 예수의 제자라
빌라도에게 가서 예수의 시체를 달라 하니
이에 빌라도가 내주라 명령하거늘
요셉이 시체를 가져다가 깨끗한 세마포로 싸서
바위 속에 판 자기의 새 무덤에 넣어 두고
큰 돌을 굴려 무덤 문에 놓고 가니
〈마태〉 27 : 57-60

아리마대 사람 요셉은 빌라도에게 허락을 받고
예수의 시체를 가져갔습니다.
니고데모는 몰향과 침향 섞은 것을 가져왔습니다.
이에 유대인의 장례 법대로 그 향품과 세마포로 싸서
동산의 새 무덤에 두었습니다.
또한 빌라도는 경비병들에게 문 앞에는 큰 돌을 굴려 막아놓고
무덤을 지키게 했습니다.
이렇게 예수님의 부활을 부인하거나 막으려는 시도들은
결국 예수님의 부활이 분명한 사실임을
전하는 방편이 될 뿐입니다.

무덤의 어귀를
큰 돌로 막아 놓았다

9

예수님의 부활, 승천

"나는 부활이요 생명이니
나를 믿는 자는 죽어도 살겠고
무릇 살아서 나를 믿는 자는
영원히 죽지 아니하리니
네가 이것을 믿느냐"

〈요한복음〉 11:25~26

세마포가 개켜져 있는 동굴을 가리키는 마리아

무덤이 비어 있어요

믿음이 없이는 빈 무덤이 절망일 수밖에 없다.
눈으로 확인한다고 믿어지는 것은 아닙니다.
우리는 실체를 보고 싶어합니다. 쫓아간 두 제자처럼…

〈요한〉 20:1-18 중에서

빈 무덤을 본 마리아는 당황했을 것입니다. 절망했을 것입니다.
울고 있던 막달라 마리아에게 나타난 예수님.
마리아는 예수님께서 "마리아야!"라고 불렀을 때에야
예수님인 줄 알아보았습니다.
예수님은 막달라 마리아의 깊은 헌신을 지켜보고 계셨을
것입니다. 형식적인 것인지 깊은 사랑인지를 예수님은
알고 계신 것이 아니었을까요?
예수님은 그 후 베드로, 야고보, 도마에게도 보이셨습니다.
부활이 사실이라는 것을 예수님은 보여 주신 것이지요.
내 남편은 고등학교 시절, 교회에서 세례식이 있었는데
세례를 받지 못했다고 합니다. 그 이유는
부활을 믿어지지 않아서 '부활을 믿느냐?'는
목사님의 질문에 '아멘'이라고 할 수 없었답니다.
이 말에 나는 내심 많이 놀라기도 했지만 그럴 수 있다고
생각했습니다. 예수님의 제자인 도마도 그랬었으니까요.
"도마에게 이르시되 네 손가락을 이리 내밀어 내 손을 보고 네 손을 내밀어 내 옆구리에 넣어 보라 그리하여 믿음이 없는 자가 되

지 말고 믿는 자가 되라"〈요한〉 20:27 고까지 부활을 믿지 못하는
도마에게 예수님이 하신 말씀입니다.
또 예수께서 "너는 나를 본고로 믿느냐 보지 못하고 믿는 자들은
복되도다"〈요한〉 20:29고 하셨습니다.
"믿음은 바라는 것들의 실상이요
보이지 않는 것들의 증거니" 〈히〉 11:1라고 하거든요.
오늘날도 무언가를 보아야 믿을 수 있다고 말하는 사람들이
많습니다. 그래서 믿지 않는 사람들은
믿는 우리의 삶의 변화된 모습을 보고
'그렇다면 예수를 한번 믿어볼까?' 라고 하는 경우도
종종 만나게 됩니다. 우리는 자신이 이해할 수 있는 정도로밖에
예수님을 알고 있는 것은 아닐까요?
'너는 나를 얼마큼 사랑해?'라고 물어보면
그 사랑을 보여줄 수는 없는 것처럼
믿음도 무언가 보이는 것으로는 말할 수는 없습니다.
비어 있는 무덤의 모습 속에서도 예수님의 실체를
찾으려는 것처럼 우리는 허상을 쫓아 갈 때가 많습니다.
도마가 대답한 것처럼 저도 고백합니다.
"예수님은 나의 주님이시며 나의 하나님이시니이다"라고.

그들의 눈이 가리어져 예수님을 알아보지 못했습니다

제자들에게 나타나신 예수님

그 날에 그들 중 둘이 예루살렘에서 이십오 리 되는
엠마오라는 마을로 가면서 이 모든 된 일을
서로 이야기하더라

누가 24:13

제자들 중 둘이 엠마오로 가는 길에
살아나신 예수님이 같이 걷고 있었는데
그들은 알지 못했습니다.
그들의 눈이 가리어져서 예수님인 줄 몰라보았다고 합니다.
그 믿음에 눈이 열리면
주님이 늘 함께하심을 볼 수 있었을 텐데….
"제삼일에 죽은 자 가운데서 다시 살아날 것이다"〈누가〉 24:46
라고 생전에 말씀하셨어도 믿지 못했던 것이지요.

부활한 예수님을 본 사람들이 많았다

내가 받은 것을 먼저 너희에게 전하였노니
이는 성경대로 그리스도께서 우리 죄를 위하여 죽으시고
장사 지낸 바 되었다가 성경대로 사흘 만에 다시 살아나사
게바에게 보이시고 후에 열두 제자에게와
그 후에 오백여 형제에게 일시에 보이셨나니
그 중에 지금까지 대다수는 살아 있고
어떤 사람은 잠들었으며
그 후에 야고보에게 보이셨으며
그 후에 모든 사도에게와
맨 나중에 만삭되지 못하여 난 자 같은
내게도 보이셨느니라
〈고전〉 15:3-8

바울은 고린도전서에서 '많은 사람들이
다시 살아나신 예수님을 보았다'고 증언하고 있습니다.
사실 예수님을 믿는다 하면서도
부활을 믿지 못하겠다고 하는 사람들이 있습니다.
부활을 믿지 못하면 믿는 게 아닙니다.
우리를 지으신 하나님께서 다시 살리시는 것을
우리는 믿습니다. 하나님께서는 능히 하실 수 있는 일입니다.
창조주인 하나님이 못 하실 일은 없습니다.
제게도 부활하신 예수님을 믿지 못했던
도마와 같은 마음이 없었던 것은 아닙니다.

그런 저의 마음을 들여다보신 것처럼
그런 내용을 성경에서 말씀하시면서
부활하신 예수님을 알게 하셨습니다.
그것은 사도인 우리가 외우는 "사도신경"에도 나옵니다.

전능하사 천지를 만드신 하나님 아버지를 내가 믿사오며,
그 외아들 우리 주 예수 그리스도를 믿사오니,
이는 성령으로 잉태하사 동정녀 마리아에게 나시고,
본디오 빌라도에게 고난을 받으사,
십자가에 못 박혀 죽으시고,
장사한 지 사흘 만에 죽은 자 가운데서
다시 살아나시며, 하늘에 오르사,
전능하신 하나님 우편에 앉아 계시다가,
저리로서 산 자와 죽은 자를 심판하러 오시리라.
성령을 믿사오며, 거룩한 공회와, 성도가 서로 교통하는 것과,
죄를 사하여 주시는 것과
몸이 다시 사는 것과
영원히 사는 것을 믿사옵나이다.
아멘

네가 나를 사랑하느냐?

베드로에게 나타나시다

네가 나를 사랑하느냐

〈요한〉 21:17

예수께서 디베랴 호수에서 물고기를 잡는 제자들에게
나타나셨습니다. 그날 밤 그들은 고기를 잡지 못했는데
예수께서 "그물을 배 오른편에 던지라 그리하면 잡으리라"는
말씀을 따라 그들이 그대로 했다고 합니다.
그랬더니 그물을 들 수 없을 정도로 많이 잡혔답니다.
그 후 예수님께서 베드로에게 세 번씩이나
"네가 이 사람들보다 나를 더 사랑하느냐"라고 물어보셨습니다.
'내가 주님을 사랑하는 중 주니께서 아시나이다.'라고 대답하니
예수께서 이 때에 "내 양을 먹이라"고 하셨습니다.
예수님이 잡히시던 밤에 예수님을 모른다고
세 번씩이나 부인하던 베드로.
그런 베드로였지만 그는 예수님께
제자로서의 사명을 부여받고
초대교회의 중심된 역활을 다하였습니다.
예수님은 우리에게 지금도
"네가 나를 사랑하느냐?"
라고 물어보시는 것 같습니다.

그리고 하늘로 올라가신 예수님

오직 성령이 너희에게 임하시면
너희가 권능을 받고 예루살렘과 온 유대와
사마리아와 땅끝까지 이르러 내 증인이 되리라
〈행〉 1:8

이 말씀을 하신 후 제자들이 보는 데서
하늘에 올라가셨습니다.
33년을 이 땅에서 사시고
십자가에 못 박혀 죽으신 후
사흘 만에 부활하시어
사십 일 동안 제자들에게 보이시며
하나님 나라의 일을 말씀하셨습니다.
그리고 제자들이 보는 가운데
하늘에 들리어 올라가셨습니다.
우리들은 이렇게 이미 성경에 예수님의 행적에 대해서
쓰여있는 것을 보기 때문에 그가 예수님인 줄 알지만,
예수님 당대의 사람들은 예수님을 알아보지 못하는 것이
당연했을 것입니다.
예수님을 보고 바로 알아보았던 사람들처럼,
우리는 자신의 논리나 경험이나 판단으로
상황을 보는 것, 그 너머에
하나님이 계신다는 것을 인정할 수 있어야 합니다.

보이는 세계만이 전부로 생각하는 세상에서
보이지 않는 세계,
영적인 세계가 있다는 것을 인정해야 합니다.
우리 모두가 가정과 일터에서 또는 살아가는
모든 상황 가운데 벌어지는 영적 전쟁에서
주님을 믿음으로 승리하는 삶이 되기를 기도합니다.
성령과 함께 권능을 받아서
예수를 증거할 수 있는
주의 자녀가 되기를 기도합니다.
그래서 하늘나라에 갔을 때 하나님께
"잘했다." 칭찬받을 수 있기를 소원합니다.

성령의 인도함으로 사는 삶

성령이 인도하시리니

그러나 진리의 성령이 오시면 그가 너희를
모든 진리 가운데로 인도하시리니 그가 스스로
말하지 않고 오직 들은 것을 말하며
장래의 일을 너희에게 알리시리라

〈요한〉 16:13

예수님은 십자가에서 돌아가시는 그 고난과 고통을
당한 뒤 보혜사 성령님이 오실 것이라고
알려주셨습니다. 오실 진리의 성령께서 우리를
모든 진리 가운데로 인도하실 거라고 하셨습니다.
우리가 구원의 길을 걸어가거나 시험을 당할 때,
하나님은 각 사람의 상황과 필요에 맞게
인도하십니다.
주님의 십자가 죽음과 맞바꾼 우리를, 나를,
거듭나게 하신 성령님.
그럼에도 우리는 세상에 넘어지기 일쑤이지만
성령님의 인도하심을 받아
이 세상을 기쁨으로 충만하게
이겨나가기를 기도합니다.

우리의 등불이 되신 예수님

예수님이 늘 함께하시기에

"네 믿음이 어디 있느냐?"〈누가〉 8:25고
예수님이 제자들에게 물으셨습니다.
믿음은 등불을 켜서 사람들이 볼 수 있도록
등잔대 위에 두는 것과 같다고 하셨습니다.
부활하신 예수님은 지금도 성령으로 우리와 함께하십니다.
그리고 예수님은 내 안에 켜진 등불이
사람들이 볼 수 있도록 빛을 비추고 있는지
오늘도 제게 물으시는 것 같습니다.
그의 권세는 소멸되지 아니하는 영원한 권세요
그의 나라는 멸망하지 아니할 것〈단〉 7:14이라고
다니엘에게 주신 말씀이
지금도 동일하다는 것을
매일 깨닫게 해주시니 참으로 감사합니다.

"나는 부활이요 생명이니 나를 믿는 사람은
죽어도 살겠고 살아서 나를 믿는 사람은
영원히 죽지 않을 것이다.
네가 이것을 믿느냐"〈요한〉 11:25~26
"아멘"

그러므로 너희는 가서 모든 민족을 제자로 삼아
아버지와 아들과 성령의 이름으로 세례를 베풀고
내가 너희에게 분부한
모든 것을 가르쳐 지키게 하라
볼지어다 내가 세상 끝날까지
너희와 항상 함께 있으리라
하시니라

〈마태복음〉 28:19-20

글 · 그림으로 **예수님과 함께**

초판인쇄 2024년10월15일
초판발행 2024년10월25일
글 · 그림
서승옥
디자인 정병규디자인
펴낸곳 생각의 바다
인쇄 한솔에이팩스
출판등록 제311-2014-000033호
주소 서울 가좌로나길30 101동807호
전화 02-302-9781, 010-4249-9781
이메일 kasmi51@hanmail.net
정가 18,000 원
ISBN 978-89-89804-01-7(03230)